Holger Kuntze
Lieben heißt wollen

Holger Kuntze

Lieben heißt wollen

Wie Beziehung gelingen kann,
wenn wir Freiheit ganz neu denken

Kösel

*Die Arbeitsblätter der Übungen in diesem
Buch finden Sie als Download unter:
www.holgerkuntze.de*

Penguin Random House Verlagsgruppe FSC® N001967

4. Auflage 2021
Copyright © 2018 Kösel-Verlag, München,
in der Penguin Random House Verlagsgruppe GmbH,
Neumarkter Str. 28, 81673 München
Umschlag: Weiss Werkstatt, München
Umschlagmotiv: © Shutterstock/Dushkapapushka, Bild-Nr. 566149381
Satz: Fotosatz Amann, Memmingen
Druck und Bindung: CPI books GmbH, Leck
Printed in Germany
ISBN 978-3-466-34683-7
www.koesel.de

Dieses Buch ist auch als E-Book erhältlich.

Inhalt

Vorwort
Warum eine Paarbeziehung die großartigste Zumutung des Universums ist und das Wunder der Liebe sich lohnt

Lieben heißt wollen ist ein Buch für Paare. Paare, die sich entschieden haben, ein Paar zu sein, einen gemeinsamen Weg zu gehen. Paare, die schon einen gemeinsamen Weg gegangen sind, die zusammengezogen sind, die Kinder haben, ein Haus gebaut haben, die gemeinsames Vermögen, gemeinsame Schulden oder gemeinsam ein Geschäft, ein Unternehmen gegründet haben. Paare, die auf diesem Weg merken, dass es schwierig geworden ist, dass es Spannungen gibt, dass die Phase der Verliebtheit vorüber ist, dass das Schöne und Beglückende der Liebe nicht mehr so präsent ist, dass Langeweile und Routine das Steuer übernommen haben, dass Streit und Eskalation im Vordergrund stehen, dass Frustration und Unzufriedenheit den Alltag prägen, Paare, die erleben, dass der vermeintlich ideale Partner an ihrer Seite sich mittelfristig als weniger ideal herausgestellt hat, als sie das vielleicht in den ersten Jahren ihrer Beziehung dachten. Und trotzdem ein Paar bleiben möchten.

Lieben heißt wollen ist auch ein Buch für Paare, die sich erst kennengelernt haben, für Paare, die kurz vor der Hochzeit oder der Familiengründung stehen und die mit der Lektüre dieses Buches eine Art Vorsorge treffen möchten, um nicht in die Fallen zu tappen, in die die meisten Paare nach einigen Jahren Beziehung tappen.

Und natürlich ist *Lieben heißt wollen* auch ein Buch für Menschen, die aktuell in keiner Partnerschaft sind, die den Wunsch nach einer Partnerschaft in sich tragen, die Erfahrungen in Partnerschaften gemacht und gemerkt haben, dass sie immer wieder an gleiche Grenzen stoßen, ähnliche Konflikte erleben, an ähnlichen Themen und bei Umgangsformen aneinandergeraten, und diese Fehler in zukünftigen Partnerschaften vermeiden wollen.

Lieben heißt wollen möchte all diesen Menschen einen Weg zeigen, um in einer Partnerschaft langfristig liebevoller, freundlicher, friedlicher und zufriedener miteinander umzugehen.

Die Botschaft von *Lieben heißt wollen* ist einfach zu formulieren und schwer in der Umsetzung: Die Chancen für eine gelingende, tiefe und erfüllende Partnerschaft steigen, indem Sie Ihre eigenen inneren Freiheitsräume des Denkens, des Fühlens und des Handelns erweitern und sich diesbezüglich immer wieder überprüfen, öffnen und auf neue Wege einlassen.

Das bedeutet nicht, dass Sie sich die äußere Freiheit nehmen, zu tun und zu lassen, wonach Ihnen gerade und spontan der Sinn steht. Nein, es bedeutet, dass Sie sich Ihre eigenen inneren Freiheitsräume nehmen, sich selbst in Ihren Wünschen, spontanen Reaktionen und Haltungen zu hinterfragen. Es bedeutet, dass Sie sich von Ihrem eigenen Reaktions-Autopiloten befreien, der zum Beispiel auf jeden Vorwurf mit Gegenangriff reagiert. Es bedeutet, dass Sie sich die Freiheit nehmen, gelassen und offen zuzuhören, und nicht immer gleich in Abwehr gehen, sobald Ihr Partner seine Wünsche, Gefühle oder Bedürfnisse formuliert.

In der Psychologie sind dies primär verhaltenstherapeutische Konzepte der psychologischen Flexibilität, der Selbstregulierung, des Belohnungsaufschubs und der Selbststeuerung, die ich hier konzentriert auf Themen der Paarbeziehung anwende. Diese Ansätze gehen alle davon aus, dass viele unserer Probleme nur dadurch entstehen, dass wir uns zu schnell unserem kurzfristigen Denken, unseren Affekten oder unseren spontanen, unmittelbaren Reaktionen anvertrauen, ohne innezuhalten, nachzufühlen, nachzudenken, zu reflektieren und einen inneren Abstand zu unseren unmittelbaren Reaktionen aufzubauen.

Die Grundideen der psychologischen Flexibilität, Selbststeuerung oder Selbstregulation werden Ihnen durch das ganze Buch immer wieder begegnen, und Sie werden nach der Lektüre in der Lage sein, offener, variantenreicher, spielerischer, konstruktiver, friedlicher, freudvoller und erfüllender mit Ihren eigenen Gefühlen, Haltungen, Werten, Positionierungen, Vorstellungen und Wünschen wie auch mit den Gefühlen, Haltungen, Werten, Positionierungen, Vorstellungen und Wünschen Ihres Partners umzugehen, und dabei erleben, wie sich die Qualität Ihrer Paarbeziehung immens verbessert.

Psychologische Flexibilität oder Selbststeuerung heißt nicht strenge Rationalisierung oder geistige Disziplinierung. Psychologische Flexibilität kann sich auch dadurch zeigen, dass Sie einem Gefühl nachgehen und merken, wie der Schmerz, der Ärger oder der Widerstand nach einigen Sekunden oder Minuten auch wieder vergeht und Sie mit der Situation, die ursprünglich Ihren Schmerz, Widerstand, Ärger ausgelöst hat, eigentlich ganz gut umgehen können. Das merken Sie aber nur, wenn Sie nicht sofort Ihrem Ärger, Ihrer Wut, Ihrem Schmerz die Kontrolle über die Situation übergeben. Psychologische Flexibilität und innere Freiheit können sich auch dadurch zeigen, dass Sie Ihrem unmittelbaren Erleben Ihre grundsätzlichen Werte gegenüberstellen und dadurch ein alternatives Verhalten vor Ihrem inneren Auge auftaucht. Wenn Sie unmittelbare Wut spüren und Sie sich vergegenwärtigen, dass zum Beispiel Ihr grundsätzlicher Wert »Ich möchte ein unterstützender Partner sein« lautet, wird Ihre Wut eine andere werden (davon handelt das Kapitel »Wertearbeit in der Partnerschaft ...«).

Die schlechte Nachricht bei all diesen Variationen von Selbststeuerung und psychologischer Flexibilität: Die Qualität einer Paarbeziehung hängt zentral von innerer Arbeit ab. Und nicht – wie wir meist glauben – von äußeren Veränderungen. Das ist unangenehm, da wir uns und unsere Überzeugungen infrage stellen müssen. Es ist anstrengend, da die Arbeit immer bei uns und nicht beim Partner beginnt. Die Qualität einer Paarbeziehung hängt also nicht davon ab, ob mein Partner zukünftig endlich das tut, was ich einfordere. Und die Qualität einer Partnerschaft hängt nicht davon ab, ob Sie es als Paar endlich schaffen, zum Thema X oder Y einen Kompromiss zu finden. Die Qualität einer Partnerschaft hängt vielmehr davon ab, ob Sie allein es schaffen, sich den Wünschen und Forderungen Ihres Partners zu stellen und damit konstruktiv umzugehen. Und das ist für die meisten von uns ein harter, steiniger Weg. Aber er lohnt sich. Das verspreche ich Ihnen.

Und die gute Nachricht: *Lieben heißt wollen* ist in erster Linie eine Reise zu uns selbst, eine Reise nach innen, um unsere Fähigkeit zu stärken, mit den Zumutungen einer Partnerschaft besser umgehen zu können. Als Mensch und Partner eine höhere Differenzierung zu erlangen. Eine Einladung, in einer Partnerschaft nicht jedem unserer egoistischen Impulse und Affekte zu folgen, sondern gelassen und freudig zu akzeptieren, dass mein Gegenüber andere Wünsche, Vorstellungen, Hoffnungen hat als ich und dass das mich und unsere Beziehung nicht gefährden muss, sondern bereichert.

Als Autor dieses Buches glaube ich, dass wir für eine gelingende und erfüllende Partnerschaft einen Preis zu zahlen haben, dass

Partnerschaft sich nicht einfach so ergibt, dass man sich um Partnerschaft bemühen muss, dass eine gute Partnerschaft Engagement und Entscheidung fordert. Die Mythen unserer Gesellschaft und der Popkultur sagen das Gegenteil: Liebe würde uns zufliegen, einfach da sein und bleiben, Partnerschaft sei etwas Leichtes, Unbeschwertes, und wir gehen diesen Mythen allesamt gern auf den Leim. Wer daran festhält, wird nie in einer langjährigen Partnerschaft leben, außer er hat das unglaubliche Lottoglück und genau den Partner an seiner Seite gefunden, mit dem dies möglich ist. Abermillionen von Paaren haben dieses Glück nicht und sind trotzdem zusammen. Und ich glaube daran, dass diese Paare auch miteinander glücklich sein können, wenn sie sich denn dafür entscheiden.

Ich glaube daran, dass Partnerschaft der Ort für die größte Wachstumschance des Individuums ist, um über sich selbst und seine egoistischen Bedürfnisse hinauszuwachsen, und dass eine Paarbeziehung eben nicht der Ort ist, an dem wir ideal all unsere egoistischen Bedürfnisse erfüllt bekommen.

Ich glaube an Partnerschaft, ich glaube an Bindung, und ich bin der Überzeugung, dass eine Paarbeziehung, eine Ehe oder eine Familie die großartigste und bedeutendste Organisationsform menschlichen Zusammenlebens ist.

Ich bin darüber hinaus der festen Überzeugung, dass Partnerschaft anstrengend ist, dass Partnerschaft eine Zumutung ist, dass Partnerschaft immer wieder wehtut, aber nichts so großartig und erfüllend ist wie ebendiese Partnerschaft, die einen gleichzeitig immer wieder unermesslich nerven kann.

Ich habe Sie also gewarnt und freue mich, dass Sie trotzdem oder gerade deshalb dieses Buch in Händen halten.

Zur Struktur des Buches

Viele Motive und Ideen kehren in den Kapiteln in unterschiedlichster oder auch in gleicher Formulierung immer wieder. Das ist beabsichtigt und nicht Produkt meiner intellektuellen Schlampigkeit. Es ging mir nicht darum, ein möglichst dünnes und konzises Buch zu schreiben, sondern darum, eine Atmosphäre in und mit diesem Buch zu schaffen, von der Sie maximal profitieren; und deshalb wiederhole oder erinnere ich immer wieder an ähnliche Dinge an verschiedenen Orten, damit Sie sich daran erinnern und die wichtigsten Grundideen bei Ihnen haften bleiben.

Ich biete Ihnen zu ähnlichen Ideen meist alternative Metaphern, Modelle, Denkfiguren oder ergänzende Gedanken, da ich nicht weiß, welches Bild, welche Modelle für Sie hilfreich sind. Ich biete Ihnen grundsätzlich nur das an, was sich in meiner Arbeit mit Paaren bewährt hat. Ich weiß aber auch, dass bei einem Paar die Idee oder die Denkfigur X mehr gefruchtet hat als bei einem anderen Paar, das die Idee oder die Denkfigur Y als hilfreicher empfunden hat. Entsprechend bekommen Sie in diesem Buch ähnliche Ideen in unterschiedlichen Bildern und Erklärungen dargestellt und erläutert und entscheiden dann selbst, welche Idee oder welches Bild Ihnen am besten hilft, positive Veränderungen in Ihrer Paarbeziehung zu initiieren.

Sie finden in dem Buch neben den Ideen, Konzepten, Darlegungen auch immer wieder Beispielantworten von Paaren zu dieser oder jener Frage, zu dieser oder jener Übung. Ich habe mich entschieden, diese Antworten aus meiner klinischen Arbeit in das Buch aufzunehmen, da ich in der paartherapeutischen Praxis oft gemerkt habe, dass eine Unterstützung nicht funktioniert, wenn man als Paartherapeut nicht intensiv Beispiele erwähnt, die andere

Paare bereits genannt haben. Die Antwortbeispiele dienen dazu, Sie besser in Ihre eigenen Antworten zu führen, und nicht dazu, Ihnen die »richtigen« Antworten schon vorzuformulieren.

Ich biete Ihnen vordergründig nichts revolutionär Neues, keine neue wissenschaftliche Erkenntnis über das Wesen der Liebe oder der Partnerschaft. Auch zum Thema Kommunikation greife ich auf Forschungen und Ansätze zurück, die den meisten Menschen vertraut sind. Ich bin kein Forscher, sondern Paartherapeut. Wenn Sie in den letzten Jahren ausgiebig Bücher zu Partnerschaft und Liebe gelesen haben, dann werden Sie einige Informationen und Grundideen auch in meinem Buch wiederfinden. Was neu und anders an meinem Ansatz ist, ist die Richtung, die wir einschlagen, nachdem wir uns die Forschungsergebnisse vor Augen geführt haben.

Als praktizierender Paartherapeut weiß ich, dass nicht jede Beziehung zu retten ist. Nicht jeder Partner hat die Fähigkeiten, Möglichkeiten, die Motivation oder die Lust, etwas zum Gelingen einer Partnerschaft beizutragen. Oder es kommt vor, dass sich zwei Falsche zusammengetan haben, auch wenn sie eigentlich das Richtige wollten. Ich bin als Therapeut Realist genug, um zu wissen, dass es manchmal gut sein kann, getrennte Wege zu gehen. Davon handeln drei kurze Kapitel zu Beginn dieses Buches. Diese Kapitel sollen Sie in die Lage versetzen, selbst besser einschätzen zu können, ob Ihre Beziehung, Ihr Partner, Ihre Liebe gerade nur in einer kurz- oder mittelfristigen Krise steckt oder ob Sie sich eventuell für Ihre Vorstellung von Liebe einfach den falschen Partner ausgewählt haben.

Sie können das Buch in seiner Summe für die Veränderung nutzen oder nur einzelne Kapitel. Vielleicht ist folgender Gedanke hilfreich: Lesen Sie jedes Kapitel so, als hätten Sie nur die Ideen und Anregungen dieses einen Kapitels, um positive Veränderung in Ihrer Beziehung initiieren zu können. Was wäre dann? Was wäre, wenn Sie Veränderung nur mit den Inhalten aus dem ersten Kapitel erreichen könnten? Nur mit den Inhalten aus dem fünften Kapitel? Wenn also die Inhalte des jeweiligen Kapitels Ihre einzigen Werkzeuge wären? Ein solches Gedankenspiel führt uns intensiver an die Lösungen und Veränderungen und an die Möglichkeiten zu Veränderungen und Verbesserungen, die in jedem einzelnen Kapitel und in uns liegen. Wenn Sie in der Summe alle Kapitel so betrachten, werden Sie am meisten positive Veränderung erzielen. Sie können das Buch in einem Rutsch durchlesen, ohne die Übungen zu machen. Sie können nur einzelne Kapitel lesen. Sie können sich auch nur auf die Übungen konzentrieren. Alles ist erlaubt. Alles ist möglich. Es ist Ihr Leben, es ist Ihre Partnerschaft, und es ist Ihr Buch. Machen Sie damit, was Sie wollen.

Eine kleine Enttäuschungsprophylaxe: Kann dieses Buch Wunder bewirken? Ja und nein.

Ja, wenn Sie es zulassen, indem Sie sich auf *Lieben heißt wollen* einlassen und offen mit den Ideen und Hinweisen umgehen, ohne immer sofort in den Widerstand, das Gegenargument, die Beurteilung, die Rechtfertigung zu gehen.

Nein, wenn Sie bei jedem Kapitel in den Widerstand gehen und sich beweisen wollen, dass Ihr Partner besonders ungeeignet ist und Ihre Überzeugungen, Ihre Argumente stärker sind als die Vorschläge und Sichtweisen, die ich Ihnen präsentiere.

Nein, wenn Sie das Wunder von mir oder von meinem Text, den Ideen oder Modellen erwarten und glauben, dass das Buch stärker sein muss als Ihre Haltungen, Ihre Gedanken. Sie also erwarten, dass meine Argumente im Kampf mit Ihren so stark sind, dass Ihre Haltungen kapitulieren, ich Sie durch die Brillanz meiner Formulierungen argumentativ in die Knie zwinge.

Oder um einen Satz des Dalai Lamas zu variieren: Denken Sie immer daran: Wenn Sie etwas sagen oder denken, dann wiederholen Sie nur das, was Sie ohnehin schon kennen, wenn Sie aber zuhören, können Sie Neues erfahren und lernen.

Da alles, was ich Ihnen anbiete, nicht aus dem Feld der strengen Naturwissenschaft oder der Ingenieurwissenschaft stammt, kann ich nichts weiter tun, als Ihnen Denkangebote zu machen, Angebote, die Dinge von einem anderen Standpunkt aus, in einem anderen Licht zu betrachten. Sollte Ihr Verstand anhaltend *nein* dazu sagen, hat nichts in diesem Buch eine Chance auf Verwirklichung. Sollte Ihr Verstand *ja* dazu sagen, zu Teilen oder zum Ganzen, dann wird positive Veränderung passieren. Und zwar mehr Veränderung, als Sie sich aktuell in Ihren kühnsten Träumen vorstellen können.

Die Tatsache, dass Sie sich mit diesem Buch beschäftigen, sagt mir: Sie haben eine Herausforderung, etwas in Ihrer Paarbeziehung oder Ihrem Leben läuft nicht rund, Sie haben Leidensdruck. Und ich weiß: Ihre bisherigen Veränderungsstrategien haben nicht funktioniert. Ihre Werkzeuge greifen nicht, denn sonst hätten Sie dieses Buch gerade nicht in Händen. Es wäre entsprechend nicht sonderlich klug, wenn Sie dieses Buch defensiv und skeptisch lesen würden. Und es wäre reine Zeitvergeudung.

Ich wünsche mir, dass Sie in Ihren Beziehungen Veränderungen initiieren, dadurch Verbesserungen erleben und in höherer Motivation und Erfüllung in Ihrer Paarbeziehung leben. Das erreichen Sie nur durch Offenheit, durch Strategiewechsel, durch neue Werkzeuge. Lassen Sie sich darauf ein, lesen Sie dieses Buch in größtmöglicher Offenheit, machen Sie einen Unterschied, handeln Sie anders und erleben Sie sich, Ihre Partnerschaft und Ihren Partner wieder neu und anders.

Ziel des Buches ist es,
1. mehr Kenntnis über das Wesen von Liebe und Partnerschaft zu vermitteln,
2. Ihre Selbstkenntnis zu erhöhen,
3. Ihre Partnerkenntnis zu erhöhen,
4. Alternativen zu bisherigem Verhalten zu entwickeln.

Die drei Leitfragen, die Sie anhaltend im Kopf haben sollten, lauten:
1. Was lerne ich dadurch für oder über mich?
2. Was lerne ich dadurch über meinen Partner?
3. Was kann ich anders machen als bisher?

Wenn Sie diese drei Fragen während der Lektüre des Buches vor Ihrem inneren Auge präsent haben, kann eigentlich nichts schiefgehen, und Sie werden dieses Buch mit allerhöchstem Gewinn lesen, aktiv die Fähigkeit entwickeln, Ihren Blick auf Ihr partnerschaftliches Erleben und Ihr Verhalten zu verändern, sich selbst besser verstehen, Ihren Partner besser verstehen und in Ihrer Partnerschaft Veränderungen erzielen.

Viel Erfolg, viel Freude wünscht Ihnen dabei

Ihr
Holger Kuntze

PS: Das vorliegende Buch ist in erster Linie für die praktische Lektüre geschrieben. Ich habe entsprechend darauf verzichtet, meine Haltung, Interventionen und Intentionen immer jeweils in einen wissenschaftlichen Diskurs oder in paartherapeutische Schulen einzuordnen. Falls Sie vertiefend Interesse daran haben, auf welche Ansätze, therapeutische Schulen oder Ideen ich mich stütze: Sie finden am Ende des Buches ein Literaturverzeichnis und sehen dort sehr schnell, wessen Denken und Werke mich in meinen Überzeugungen und meiner Arbeit geprägt haben.

PPS: Dieses Buch macht keinen Unterschied zwischen gleich- oder zwischengeschlechtlichen Paaren. Meine Erfahrung ist, dass Partnerschaften – egal, in welcher Konstellation – immer gleichen oder ähnlichen Dynamiken und Herausforderungen unterworfen sind. Der Einfachheit halber spreche ich in diesem Buch immer vom »Partner«, und in den Beispielen habe ich »meine Frau«, »mein Mann«, »mein Freund«, »meine Freundin« jeweils durch »mein Partner« ersetzt.

Worüber wir sprechen, wenn wir von Liebe sprechen
oder Warum Verliebtheit und Liebe wenig miteinander zu tun haben

Ihren Anfang nimmt jede Paarbeziehung im besten Fall im Zustand der Verliebtheit. Wir kennen das alle und erleben es mit 18 und mit 88. Wir sind in einem physiologischen Ausnahmezustand, unser Körper ist in einem Dopamin-, Endorphin- und Adrenalinrausch, die Stammhirnregion des Menschen unter Hochbetrieb. Gleichzeitig sinkt der Serotoninspiegel im Körper, der Stoff, der für Ausgeglichenheit und zufriedene Ruhe zuständig ist. Es macht physiologisch und von der Körperchemie keinen Unterschied, ob Sie in Todesgefahr, in Angst, im Kokainrausch oder im Zustand der Verliebtheit sind. Wir können vor aufgeregter Freude kaum schlafen, haben tagsüber Schmetterlinge im Bauch, sind euphorisch, manchmal gar manisch, unruhig, aufgekratzt, sprudeln vor Kommunikationslust, glauben, endlich den einen Menschen gefunden zu haben, der perfekt zu uns passt, und wollen die Welt an unserem Glück teilhaben lassen. Alles ist Energie und Euphorie.

Erst wenn die Verliebtheit nachlässt (und das wird sie verlässlich), kommt die Liebe ins Spiel. Ein Gefühl von Wärme, Ankunft, Geborgenheit, Sicherheit und Ruhe stellt sich ein. Ein Mix aus

Dopamin, Serotonin und Oxytocin spielt nun eine größere Rolle als Endorphine und Adrenalin. Die Stammhirnaktivitäten beruhigen sich langsam wieder, das Groß- und Vorderhirn dürfen wieder mitspielen, der Schlaf kehrt zurück, die Herzfrequenz sinkt. Wir reden nicht mehr ununterbrochen miteinander, und manchmal fällt uns auch gar nicht mehr ein, was wir einander noch erzählen könnten oder müssten. Und dann schweigen wir miteinander, und das fühlt sich gut an.

Tag um Tag wird uns die Beziehung, die eben noch so fremd und aufregend und neu und anders war, zur Routine, aber für viele von uns ist das eine angenehme, beruhigende und bestärkende Routine. Der Sexualtrieb lässt nach, die sexuelle Erfüllung gelingt mehr und mehr durch intensive Intimität, das Spontan-Leidenschaftliche hingegen verschwindet. Wir reißen uns nicht mehr gegenseitig die Kleidung vom Leib, jetzt zieht sich jeder selbst aus, bevor wir uns nackt im Bett zärtlich aneinanderschmiegen. (Achten Sie bitte darauf, dass ich bei Sexualität einen deutlichen Unterschied mache zwischen leidenschaftlicher und intimer Sexualität. Mehr dazu im Kapitel »Let's talk about sex! oder Wie Sexualität in langfristigen Beziehungen gelingt«.)

Die ersten Enttäuschungen und Verletzungen treten auf. Denn der Mensch, der uns eben noch fremd war, zeigt sich mehr und mehr in seiner Individualität, seiner eigenen Bedürftigkeit, macht Fehler, ist verletzlich, zeigt sich in seiner ganzen Menschlichkeit, die eben nicht perfekt ist. Das Ideal, das wir auf diesen Menschen projiziert hatten, denn wir kannten ihn ja kaum, schwindet, und der wirkliche Mensch zeigt sich.

Echte Endorphin- und Adrenalinjunkies beenden am Ende der Verliebtheit die Beziehung, weil sie der Meinung sind, dass etwas nicht in Ordnung ist mit dem Partner und/oder der Beziehung.

Das Kribbeln ist weg, das muss der falsche Partner oder eine falsche Form der Beziehung sein, so ihre Logik und Erfahrung.

Die Beziehungsmittel- und -langstreckler hingegen freuen sich über das Ende der Verliebtheit, weil sie spüren, dass jetzt die wahre Liebe beginnt. Eine, die nichts mit Herzrasen oder Schmetterlingen im Bauch zu tun hat, sondern mit Ankunft, Verständnis, Wärme, Sicherheit, Gelassenheit, Ruhe, Tiefe und gemeinsamer Zufriedenheit. Alles wird langsamer, langweiliger, routinierter, träger, aber eben auch vertrauter, offener, tiefer und sicherer.

Wenn also die ganzen Probleme erst mit der Liebe kommen, warum eigentlich hört dann die Verliebtheit auf? Menschheitsgeschichtlich war die Verliebtheit notwendig, um die Fortpflanzung der Spezies zu sichern. In den Zeiten vor der Sesshaftigkeit, vor der Sprache, vor den Rosensträußen und vor H&M- oder Louis-Vuitton-Geschenken musste die Lust füreinander spontan und schnell initiiert werden. Dies geschieht bis heute durch Stammhirnreize, Endorphine und Adrenalin. Adrenalin ist aber nicht nur ein wichtiger Botenstoff für Verliebtheit und Euphorie, sondern auch der zentrale Botenstoff bei Gefahr, Stress und Angst. Die inneren Systeme des Körpers können diese äußere Unterscheidung jedoch nicht wahrnehmen. Für sie ist Adrenalin immer ein Ausnahmezustand, ein Zustand, der ideal eingedämmt und beruhigt werden muss, da kein menschlicher Organismus durchgängig unter hoher Adrenalinausschüttung gesund und lange leben kann. Der Körper weiß also, dass der Zustand der Verliebtheit rein physiologisch beendet werden muss, damit der Mensch überleben kann, und er sorgt präzise und verlässlich dafür, fährt die Euphorie und den Adrenalinhaushalt runter, um langfristig gesund und vital zu bleiben. Das ist gut für unsere Physis, meist aber schlecht für unsere Beziehung.

Hört die Verliebtheit auf, sprechen wir von Liebe. Und von nun an könnte alles bis ans Ende unserer Tage einfach und schön sein, harmonisch und vertraut, wenn nicht unsere Sozialisation, unser Ego, unser Affekt, unser Verstand, unser innerer Planer, unsere limitierte Fantasie, unser innerer Richter/Gerechtigkeitsaffe und unser Selbstverwirklichungswille uns einen Streich spielen, uns in die Falle tappen lassen würden. Denn erst in dieser Phase beginnen jene Auseinandersetzungen zu greifen und jene Strukturen zu wirken, die Paare ins Unglück, in die Frustration, in die Lähmung, in die Krise führen. Niemand hat Kommunikationsprobleme, problematisiert unterschiedliche Lebensziele oder verzweifelt an der Streit- und Kritikunfähigkeit des Partners im Zustand der Verliebtheit. Erst mit der Ankunft der Liebe in einer Paarbeziehung ziehen jene zermürbenden Unheilsboten am Horizont auf und zerstören verlässlich das, was einstmals schön, richtig und herrlich war.

Warum brauchen wir dann aber die Liebe? Während Verliebtheit das Überleben der Spezies durch Vermehrung gesichert hat, sicherte die Liebe das Überleben der Menschen durch Frieden und Harmonie. Liebe sorgt für Zufriedenheit und Glück der Menschen im sozialen Miteinander, und der Körper stärkt diese Empfindung durch die Botenstoffe Dopamin (Glück) und Oxytocin (Bindung). Zu dieser Leistung war der Mensch reflektierend erst fähig, als sich Groß- und Vorderhirn vollends ausgebildet hatten. Dort ist im Hirn der Ort des Sozialen. Nur als soziales Wesen war und ist der Mensch überlebensfähig, und bis heute erfüllt es die meisten von uns mit Freude, wenn wir ein Zuhause, Sicherheit, ein Miteinander, eine Ankunft, einen Hafen, einen Gesprächspartner, eine Aufgabe, ein Gegenüber haben. Die Liebe ist also Chance und Risiko zugleich. Chance auf Ankunft und Frieden, Risiko auf Konflikt und Krise. Die Liebe wird dadurch zur größten Aufgabe des Menschen und zu seiner größten Wachstumschance.

Warum sind wir alle auch physiologisch so konditioniert auf die Lust an der Verliebtheit? Weil es sich bei Adrenalin und Endorphin um laute Botenstoffe handelt; das heißt, sie greifen sehr intensiv, vordergründig, spürbar in unser vegetatives System ein. Herzrasen, Bauchgrummeln, Schweißausbrüche, Kurzatmigkeit, Aufregung realisieren wir umgehend. Oxytocin und Serotonin hingegen sind leise Botenstoffe. Sie sorgen für Sicherheit, Wohlempfinden, Zufriedenheit und regulieren das vegetative Biosystem vermeintlich herunter. Das tiefe Glück des Daseins, die Sicherheit von Heimat, Ankunft, Bindungssicherheit, eine tiefe Bauchatmung und Entspanntheit, all das bemerken wir nicht vordergründig wie die Symptomatik der lauten Botenstoffe im Zustand der Verliebtheit, sondern erst in bewussten Momenten der Ruhe, der Innenschau, der Kontemplation, der Sicherheit von Liebe. Ohne Bewusstmachung strömt dieses gute Gefühl einfach an uns vorbei, weil wir es im besten Fall als Normalität wahrnehmen und deshalb als nichts Besonderes.

Verliebtheit und Liebe haben also eigentlich kaum etwas miteinander zu tun. Und viele kennen tiefe wahre Liebe, die ohne Verliebtheit begann (zum Beispiel jenseits einer Paarbeziehung zu den Eltern, zu Geschwistern oder zu den eigenen Kindern), einige haben den Partner, in den sie nie verliebt waren, geheiratet und leben eine glückliche gemeinsame Liebe, und die meisten kennen Verliebtheiten, die es nicht bis zur Liebe geschafft haben. Natürlich geht den meisten Liebesbeziehungen in der Realität eine große Verliebtheit voraus. Wichtig bleibt aber: Es besteht keine notwendige Verbindung zwischen diesen beiden Zuständen, auch wenn die deutsche Sprache dies suggeriert. Rein physiologisch sind Verliebtheit und Liebe kaum miteinander verwandt und schließen sich geradezu gegenseitig aus. Während bei der Verliebtheit Stammhirnaktivitäten, Affekthingabe, Leidenschaft, Spontanität und Dopamin, Endorphine und Adrenalin die Hauptrollen spielen, geht es bei der Liebe um Groß- und Vorderhirnaktivitäten, Affektkontrolle, Intimität, Belohnungsaufschub und Dopamin (Glück), Serotonin (Ausgeglichenheit) und Oxytocin (Bindung). Was viele von uns dann als Langeweile und Routine erleben.

Im Gefängnis unserer Vorstellungen
oder Warum Liebe und unsere Ideen von der Liebe
uns das Leben so schwer machen

In den 1950er- und 1960er-Jahren noch hätten die meisten von uns im konkreten Erleben der Langeweile, der Routinen, der Differenzen, der Anpassungen in ihrer Paarbeziehung und den Herausforderungen der Beziehung kein Leid empfunden oder formuliert. Paarbeziehungen zu der damaligen Zeit waren meist funktionale Ehebeziehungen; und sowohl der Standesbeamte als auch der Pfarrer legten großen Wert darauf, die Eheleute daran zu erinnern, dass eine Ehe auch und besonders Krisen kennt, dass das Eheversprechen für gute und schlechte Zeiten galt. Und dass Ehe in erster Linie Versorgung und geordnete Langeweile bedeutete. Natürlich mit dem negativen Effekt, dass auch zutiefst dysfunktionale und giftige Beziehungen zu lange aufrechterhalten wurden.

Uns Nachgeborenen ist ein solcher Blick auf eine Paar- und Liebesbeziehung nur noch schwer oder kaum vermittelbar. Wenn wir heute eine Beziehung eingehen, haben wir meist schon sehr konkret ihr mögliches Verfallsdatum und ein Ausstiegsszenario vor Augen. Wenn es nicht läuft, trennen wir uns eben. Mit oder ohne Trauschein. Dann warst du der falsche Partner, dann haben wir einfach nicht zusammengepasst.

Genauso konkret haben wir unsere Vorstellungen vom Nutzen und Sinn einer Paarbeziehung: Eine Liebesbeziehung, so die heute verbreitete Auffassung, soll und muss unsere individuelle Selbstverwirklichung unterstützen. Im Zusammensein sorgt mein Partner ideal dafür, dass ich mich in meinen Wünschen, Ideen, Visionen und Fantasien maximal selbst verwirklichen kann. Mein Partner sorgt dafür, dass ich mich entfalten kann und mein Ichsein zelebriere. Der Partner wird zum Komparsen auf meiner Bühne, in meinem Stück, dessen Dialoge ich mir ausgedacht und geschrieben habe. Wir sind innerlich festgelegt, beschriebene Blätter mit präzisen Vorstellungen bezüglich unseres Miteinanderseins, der Hochzeitstafel und Gäste, unserer Jahresurlaube, der Aufteilung der Kinderbetreuung, des Vorgartens, des Ernährungsplans, der sportlichen Aktivitäten, des Freundeskreises, unserer Karrieren, des Umgangs mit unserer Herkunftsfamilien, des Altersruhesitzes und so fort.

Diese Vorstellung hat nicht nur *einen* Haken, sondern viele: Es handelt sich meist immer nur um meinen Plan, meine Vision, und dies ist meist ein alter Plan, den ich vielleicht schon seit Kindheitstagen unhinterfragt in mir trage und verwirklichen will. Und es handelt sich um einen Plan, dessen zentrales Ziel Ich- oder Selbstverwirklichung ist. Solange ich daran festhalte, werde ich in einer Paarbeziehung immer nur erleben und erfahren, wie gut die Paarbeziehung mir dabei hilft, einen alten Plan zur Selbstverwirklichung umzusetzen, wie gut meine Liebesbeziehung als Transmissionsriemen taugt, meine Ego-Pläne zu verwirklichen.

Interessanter, reizvoller, wagemutiger und erfüllender ist die Idee eines gemeinsamen Plans, eines neuen Plans, der seinen Anfang in der Gegenwart nimmt, im Hier und Jetzt, in der Spezifik genau dieser Partnerschaft, eingedenk der Eigenschaften und Hoffnungen und Wünsche des Menschen, den zu lieben ich mich entschieden habe. Besser ist ein Plan, dessen zentrales Ziel eine Wir- oder Paarverwirklichung hat statt einer Ich- oder Selbstverwirklichung, um zu erleben, wozu diese Beziehung in der Lage ist, wenn wir eine Wir-Verwirklichung formulieren und anstreben, um zu erfahren, wie viel größer, erhebender und erfüllender als eine Selbstverwirklichung eine solche Paarverwirklichung sein kann. Und interessanter ist ein Plan, der offen und flexibel auf die Zumutungen und die Realitäten des Lebens reagiert, statt verzweifelt an alten Ideen und ihrer Machbarkeit festzuhalten.

Der Kult des Planbaren und Machbaren, der Steuerungsglaube, der Optimierungswahn hat eben auch die Paarbeziehung, die Liebesbeziehung ergriffen. Der Planungs- und Vorstellungswahn haben unsere Herzen und Seelen ergriffen und leiten uns so ins emotionale Verderben und Verdorren, sie entfremden uns von unserer tiefen Menschlichkeit. Denn Menschsein und liebender Mensch zu sein bedeutet immer, offen und variabel zu sein, offen für mein Gegenüber, offen für die Abenteuer des Lebens, offen für das Unerwartete, offen für den gemeinsamen Plan B oder C, offen, mit den Niederlagen, dem Schmerz, den Enttäuschungen, den Frustrationen, den Zumutungen, den Sackgassen umzugehen. Flexibel, offen, ruhig und neu zu navigieren, zu reagieren und nicht vorgefertigt, verschlossen, vorschnell und nach alten und immer gleichen Mustern.

Wie schon im Vorwort erwähnt, ist das der zentrale Gedanke dieses Buches. Ich möchte Sie in den folgenden Kapiteln einladen, einen Schritt zurück oder zur Seite zu gehen, um damit einen Schritt nach vorn bezüglich der Qualität Ihrer Beziehung zu machen. Ich lade Sie ein, aus der Unmittelbarkeit Ihrer Reaktionen auszusteigen, den inneren Reaktions-Autopiloten auszuschalten, Ihren Affekten (also Ihren Wünschen, Ihrer Wut, Ihrer Kritik und Ihren Ängsten) zu misstrauen, Ihre Urteile, Ihre Gedanken und

Gefühle zu hinterfragen oder einfach ruhen zu lassen, Ihren Blick für die Möglichkeiten Ihrer Reaktionen auf die Zumutungen Ihrer Partnerschaft zu erweitern. Und ja, da gibt es nichts schönzureden: Beziehung ist anstrengend, Beziehung ist eine Zumutung. Eine Zumutung für uns Hedonisten, uns Selbstverwirklicher, uns Autonome, uns prometheische Geschöpfe der westlichen Moderne. Und doch: Es gibt nichts Erfüllenderes, nichts Schöneres, nichts Tieferes, nichts Transzendierenderes als eben eine Paarbeziehung, trotz und gerade wegen ihrer Zumutungen.

Bevor wir das tun, zuerst aber noch drei kurze Kapitel, die von Konstellationen handeln, die Beziehungen ernsthaft unmöglich, schwierig oder herausfordernd machen.

Aufwachen aus dem Traumland, Teil eins:
Vier Persönlichkeitstypen, mit denen Partnerschaft nicht funktioniert
oder Finger weg von giftigen Beziehungen

Es gibt Verhaltensstrukturen, die Partnerschaft schwierig machen. Es gibt Persönlichkeitstypen, die den Alltag in einer Beziehung zur Hölle machen beziehungsweise die einen Alltag zulassen, der mit einer erfüllenden Partnerschaft nichts oder nur sehr wenig zu tun hat. Die Wahrheit ist: Nicht jede Beziehung ist zu retten, und nicht jede Beziehung ist es wert, gerettet zu werden.

Ich möchte Ihnen in diesem Kapitel kurz vier Persönlichkeitstypen vorstellen, bei denen ich mittlerweile sehr skeptisch bin und kaum mehr daran glaube, Paaren in solchen Konstellationen helfen zu können, eine bessere Beziehung zu leben.

Lesen Sie die folgenden Seiten, und befragen Sie sich ehrlich: Erlebe ich meinen Partner anhaltend in einer dieser vier Persönlichkeitstypologien, oder bin ich etwa selbst ein echter Beziehungskiller, da ich in einer dieser vier Strukturen vertiefend und stetig agiere?

Achten Sie bitte während der Lektüre auf folgende zwei Punkte:
1. In jedem von uns stecken diese vier Persönlichkeitsmerkmale.

Neigen Sie bitte entsprechend nicht zu vorschnellen Urteilen, nur wenn Ihr Partner mal betrunken ist, mal selbstverliebt agiert, mal vor Wut schweigend den Raum verlässt oder mal einen Teller an die Wand wirft. Wir sind keine Maschinen, und wir machen immer wieder Fehler, verlieren die Kontrolle über unsere Gedanken, Gefühle oder Handlungen, begegnen unseren dunkelsten Seiten. Seien Sie also sehr vorsichtig mit der Lieblingsdiagnose: Mein Partner hat eine Störung! Von einer Störung oder einer eindeutigen und problematischen Struktur sprechen wir nur, wenn der Alkohol, die Droge, das Schweigen, die Selbstverliebtheit oder das Ausrasten maßgeblich die Beziehung prägt und wiederholend immer wieder die einzige Strategie ist, mit der wir uns oder unser Partner sich einer belastenden Situation entzieht und gleichzeitig damit nichts zur Lösung der Herausforderung beiträgt. Wir oder unser Partner also über einen längeren Zeitraum verlässliche falsche Verhaltensmuster erkennt oder anwendet, die immer wiederkehren und unsere Beziehung belasten.

2. Natürlich kann eine Therapie Menschen mit einer Suchtproblematik, mit einer Borderline-Symptomatik, Narzissten oder Passiv-Aggressiven helfen. Der Impuls hierfür muss aber von den Betroffenen ausgehen und ist dann meist Gegenstand einer einzeltherapeutischen Begleitung. Als Paartherapeut habe ich ja einen anderen Blick auf diese Herausforderung. Meist kommen Paare zu mir, und ein Partner beschwert sich über den Narzissmus, die Alkoholsucht, das Schweigen des anderen, und dieser sitzt ohne eigenen Leidensdruck, ohne eigenen Veränderungswillen, ohne eigene Einsicht in meiner Praxis und ist der Meinung, sein Partner würde maßlos übertreiben, hysterisch überzeichnen, was doch eigentlich ganz normal oder eine Ausnahme sei. Und genau bei diesen Konstellationen bin ich mittlerweile extrem skeptisch und glaube als Paartherapeut kaum noch daran, solchen Paaren helfen zu können, weil eben einer sich gar

nicht helfen lassen will, weil einer sich überhaupt nicht verändern möchte. Hat jemand Einsicht und Veränderungswille, sieht das sofort ganz anders aus, und man kann mit diesen Menschen wunderbare Veränderungen und Fortschritte erreichen und die Qualität von Partnerschaften wesentlich verbessern.

Die vier Persönlichkeitstypen, die eine Beziehung sehr schwierig bis unmöglich machen, sind:
1. Menschen mit einer Suchtproblematik,
2. Menschen mit einer Borderline-Symptomatik beziehungsweise einer ausgeprägt mangelnden Affektkontrolle,
3. passiv-aggressive Persönlichkeiten und
4. Narzissten.

Zu diesen vier Persönlichkeiten finden Sie eine Unzahl von Ratgebern, die Ihnen erzählen, dass es besondere Tricks und Umgangsformen gäbe, mit solchen Menschen erfüllende und glückliche Beziehungen zu führen. Glauben Sie diesen Büchern nicht! In Summe sprechen wir bei diesen Persönlichkeitstypen in Paarbeziehungen immer von unmöglichen, dysfunktionalen oder giftigen Beziehungen, und die seriöseste Empfehlung, die Ihnen ein Paartherapeut geben kann, wenn Sie sich in Partnerschaft mit einem solchen Menschen befinden und dieser keine Einsicht und keinen Veränderungswillen zeigt, ist: Beenden Sie schnellstmöglich diese Beziehung.

Menschen mit einer Suchtproblematik

Sie erleben einen Partner, der in einer starken Fixierung zu Alkohol, einer Droge wie Kokain oder Marihuana, zum Glücksspiel, Wetten und so fort seinen Alltag organisiert. Die Sucht bringt gesundheitliche Probleme mit sich, Ausfallerscheinungen, Entzugserscheinungen, die Sucht sorgt für immer gleiche Abläufe der Freizeitgestaltung, es kann zu finanziellen Problemen kommen, ein Abend oder ein Wochenende ohne die Droge ist kaum vorstellbar, die Erholung von Exzessen nimmt Zeit in Anspruch und dient doch nur der Vorbereitung der nächsten Eskapade.

Die Sucht kommt nicht immer im Gewand des Bettlers und Ausgestoßenen, gerade im urbanen und wohlhabenden Milieu kommt die Sucht auch im Glitzerkleid und sozial-kulturell vollkommen akzeptiert und geradezu schick daher. Die Sucht kann auch einfach dazu dienen, verlässlich Leistungen am Arbeitsplatz zu erbringen. Eine solche Sucht stabilisiert damit einen sozialen Status und zerstört ihn nicht.

Warum gibt sich der Süchtige seiner Sucht hin? Für den Süchtigen ist die Substanz seiner Sucht seine Strategie, mit den Belastungen des Alltags umzugehen, Entspannung zu finden, negative Gefühle weniger zu spüren. Während Meditations- oder Sportsüchtige eher akzeptiert werden, ist eine Entlastungsstrategie via Alkohol, Kokain, Marihuana, Glücksspiel et cetera eine Strategie, die Partnerschaft und Beziehung deutlich belasten, außer zwei Süchtige haben sich gefunden und koksen und trinken in gleichen Quantitäten.

In seiner Sexualität ist der Süchtige nicht spezifisch. Wir finden also bei Süchtigen viele Varianten sexueller Vorlieben oder Ausdrucksformen. Spezifisch ist maximal der Umstand, dass Süchtige eher unter dem Einfluss der Droge, also im Rausch, zu sexueller Aktivität neigen als ohne die Droge. Auch dies entspricht der grundsätzlichen Motivation, überhaupt zur Droge zu greifen: Die Unfähigkeit, sich ohne die Substanz oder ohne die Ablenkung zu entspannen, greift auch hier. Nur unter dem Einfluss von Alkohol oder Drogen ist der Süchtige in der Lage, sich auszudrücken, sich seinen Emotionen, Bedürfnissen zu stellen. Ein Teufelskreis, solange der Süchtige glaubt, dies ginge nur mit der Substanz.

Der Beziehungsalltag in einer Partnerschaft mit einem Süchtigen ist weniger von Beziehungsunsicherheiten geprägt als vielmehr von der Selbstzerstörung eines Partners, der oft mit zunehmender oder anhaltender Sucht gleichzeitig umso stärker an der Beziehung festhält. Der Süchtige liefert meist anhaltende Liebesversprechen und Liebeswünsche. In einer Suchtkonstellation gibt es also kein Achterbahnfahren der Gefühle wie zum Beispiel bei den Borderlinern, sondern meist eine stabile Beziehungserfahrung. Der Nichtsüchtige ist zudem primär von Sorge um den Partner erfasst, er hat anfänglich auch Mitleid. Der Süchtige wird als schwach und hilfsbedürftig wahrgenommen. Je länger eine Beziehung mit einem Süchtigen anhält, desto dringlicher gerät die Selbstbefragung des Nichtsüchtigen in den Vordergrund, ob man mittelfristig eine Veränderung oder einen Weg findet, mit den Belastungen der Sucht umgehen zu können beziehungsweise die Sucht hinter sich zu lassen. Aus Mitleid wird Wut.

Die Liebe zueinander wird meist nicht infrage gestellt, weder vom Süchtigen noch vom Nichtsüchtigen. Ein typischer Satz eines Süchtigen lautet: »Wir lieben uns weiterhin sehr, und du übertreibst, es ist gar nicht so schlimm, ich bin doch nicht süchtig.« Und der Partner eines Süchtigen sagt gern: »Wir lieben uns weiterhin sehr, aber die Sucht hat vieles zerstört.« Im Zentrum der gemeinsamen Paarproblematik steht nicht die Liebe, sondern die Sucht und ihre Herausforderungen und der unterschiedliche Blick auf diese.

Menschen mit einer mangelnden Affektkontrolle beziehungsweise einer Borderline-Symptomatik

Sie neigen zum Kontrollverlust ihrer Gefühle, Gedanken und Handlungen. Wir erleben einen Partner, der regelmäßig ausflippt und komplett von seinem schlechtesten Selbst gesteuert wird. Das können passive Ohnmachtsgefühle sein, Wut, Eifersuchtsgefühle, Verlustängste oder Jähzorn. Das können immer wiederkehrende Gedankenschleifen sein wie »Du liebst mich nicht«, »Ich bin wertlos«, »Ich werde alles zerstören«, »Ich will alles ganz genau wissen«, »Ich werde keine Ruhe geben, bis ich nicht sämtliche Mails von dir gesehen habe/du mir alles ganz genau erklärt hast«, und das können unkontrollierte Handlungen sein wie Sturmklingeln, Whats-App-Hassnachrichten, autoaggressive Handlungen, das Zerstören von Dingen oder Gewalt gegenüber dem Partner beziehungsweise den Kindern. Alles ist absoluter Kontrollverlust. Oftmals eine Stunde, einen Tag später von tiefer Reue und Scham gefolgt und dem Versprechen, dass das nie wieder passieren wird, bis es dann doch wieder geschieht. Wir haben es mit einem Menschen zu tun, der ein durchgängiges Instabilitätsmuster aufweist, dem es schwerfällt, allein zu sein, und der ein gestörtes Identitätsgefühl zeigt. Trauer und Euphorie wechseln sich ab, neue Pläne werden geschmiedet und wieder verworfen.

Was passiert da in einem Menschen? Menschen mit mangelnder Affektkontrolle können ihren eigenen inneren Emotions- und Gedankenhaushalt nicht ordnen oder regulieren. Statt das Adrenalin, die Unsicherheit, die Gedanken, die Gefühle zu regulieren und zu beruhigen, regulieren die Gefühle sie. Es gibt in diesen Momenten in diesen Menschen kein höheres Selbst, kein beobachtendes Ich, kein beschützendes Erwachsenen-Ich mehr, das ein

Gefühl oder einen Gedanken beobachten, einordnen, regulieren könnte. Der Gedanke »Ich kann mich ärgern, bin aber nicht dazu verpflichtet« taucht im Universum dieser Menschen nicht auf. Ärger und Wut sind in ihrer Wahrnehmung immer und quasi objektiv nachvollziehbar durch ein Außen veranlasst. Sie glauben stets, »nur« zu reagieren und berechtigt die Kontrolle über sich zu verlieren. Und sobald Ärger, Wut oder Unsicherheit in diesen Menschen aufziehen, geben sie sich vollkommen diesen Gefühlen und Gedanken hin und nutzen dann Beschimpfungen, Zerstörung oder Gewalt, um ihre Gefühle und Gedanken zu entäußern. Die innere Gefühls- und Gedankenenergie wird in das Außen entlassen, es kommt zu emotionalen Erpressungsversuchen, man fügt dem Gegenüber verbale Verletzungen und Belastungen zu, dem eigenen Körper Schmerzen, zerstört Sachen oder fügt dem Partner oder den Kindern Gewalt und Schmerzen zu.

In seiner Sexualität ist der Mensch mit mangelnder Affektkontrolle intensiv, offen, hingebungsvoll, aber auch verlangend. Fast alle Spielarten oder Praktiken des sexuellen Miteinanders sind kompatibel mit einer Borderline-Persönlichkeit. Nur langweilig sollte es nicht sein. Versöhnungssex ist eine bevorzugte Strategie der Borderliner. Beruflich steht diese Persönlichkeit immer kurz vor dem neuen, ganz großen Durchbruch. Hat hier eine Idee, dort ein Konzept. Nie hält sie es lange an einem Ort aus, immer sind die anderen, die langweiligen Themen oder die starren Strukturen schuld, wenn sie weiterzieht und sich in eine neue Herausforderung wirft, bis auch dort wieder die gleichen Probleme auftauchen.

Der Beziehungsalltag mit einem solchen Menschen ist von hohen Ambivalenzen geprägt. Permanent wird die Liebe infrage gestellt. Alles ist eine anhaltende Achterbahnfahrt. Der Partner mit mangelnder Affektkontrolle ist sich seiner eigenen Gefühle nicht klar, mal liebt er, dann hasst er, bevor er eine Stunde später wieder liebt.

Alles ist immer absolut, es gibt keine Grautöne, nur »alles oder nichts«, dann wieder eine Grenzüberschreitung, eine Entschuldigung, totale Hingabe, eine kurze Phase der Stabilität und dann wieder einen Kontrollverlust.

Ein solcher Mensch ist immer nur im Augenblick, nie in der Reflexion, nie in der Abwägung. Das Gegenüber hingegen ist dauerhaft in Habachtstellung, alles kann jederzeit zur Eskalation führen: ein falsches Wort, ein falscher Blick, eine falsche Initiative. Alles ist Stress, da man nie weiß, was gleich passieren wird. Hinzu kommt, dass der Partner, der einem Menschen mit mangelnder Affektkontrolle ausgesetzt ist, permanent im Zweifel darüber ist, ob er es schafft, diese Liebe zu leben. Ob das überhaupt Liebe ist. Ob er solch einen Menschen lieben kann. Anders als bei einem Süchtigen wird die mangelnde Affektkontrolle meist vom Partner nicht mit Mitleid oder als Krankheit betrachtet, sondern als Dummheit oder unreifes Verhalten. Beide Partner sind also nicht nur in einer herausfordernden Situation, sondern stellen auch jeweils ihre Liebe zueinander stetig infrage. Trennungsfantasien, Fluchtszenarien prägen die Gedanken beider Partner. Instabilität und Unsicherheit bezüglich ihrer Liebe und ihrer Partnerschaft ist das sehr präsente Grundgefühl einer solchen Beziehung.

Die passiv-aggressive Persönlichkeit

Ganz anders ist die Dynamik der Beziehung mit einer passiv-aggressiven Persönlichkeit. Sie wirkt auf den ersten Blick geradezu vornehm, distinguiert, ruhig, kontrolliert, zurückhaltend, vernünftig und bestens erzogen. Scheut sie doch das Laute, das Aggressive und lehnt es offensiv ab, sich zu streiten oder sich laut, heftig oder intensiv mit jemandem auseinanderzusetzen. Auch wenn passivaggressives Verhalten auf den ersten Blick wie reifes, erwachsenes Verhalten aussehen mag, ist es doch primär eine Reaktion der Unreife und der Unsicherheit.

Passiv-aggressive Persönlichkeiten sind nicht abwechselnd passiv oder aggressiv, sondern durch ihre durchgängige Passivität und Verweigerung höchst aggressiv, da sie sich jeder konstruktiven gemeinsamen Lösung entziehen. An passiv-aggressiven Menschen beißt man sich die Zähne aus, man hat das Gefühl, gegen Mauern zu rennen. Passiv-aggressive Persönlichkeiten sind schnell eingeschnappt, verstummen, entziehen sich jedem Konflikt, jeder Auseinandersetzung, verlassen die Wohnung oder das Zimmer. Sobald ein Konflikt hinter dem Horizont verraucht, werden sie wieder mitteilsamer, offener und umgänglich. Allerdings – und um das zu erkennen braucht es einige Zeit der Beobachtung – ohne den eigentlichen Konflikt angegangen zu sein, um weiterhin immer nur im Unverfänglichen, im Lebenspraktischen, im Oberflächlichen zu verharren, selbst wenn man mittlerweile verheiratet ist oder gemeinsame Kinder hat.

Eine Beziehung mit einer passiv-aggressiven Persönlichkeit beginnt meist ohne besondere negative Vorzeichen. In der Phase der Verliebtheit sind sie eloquent und offen. Der Passiv-Aggressive hat noch die Hoheit über seine Geschichten und seine Person, er kann seine Version unwidersprochen zum Besten geben, und er hat seine Grenzen im Griff. Beide Partner haben das Gefühl, die große Liebe gefunden zu haben. Anders als bei der Sucht oder bei der mangelnden Affektkontrolle, die sich beide sehr schnell zeigen und meist nicht vordergründig der Dynamik einer Beziehung entspringen, ist das Passiv-Aggressive originär in der Dynamik einer Beziehung angelegt. Das heißt, je länger und intensiver eine Paarbeziehung dauert, desto klarer und grausamer zeigt sich die passiv-aggressive Persönlichkeit. Denn je länger eine Beziehung währt, desto mehr Offenheit und Vertrauen müsste eigentlich in die Beziehung kommen, und desto mehr Alltagskonflikte oder Differenzen tun sich auf. Ein Grauen für eine passiv-aggressive Persönlichkeit, die dann zu ihrer Strategie erster Wahl greift: Mauern und Schweigen. In einem raffinierten Geflecht von passivem Widerstand, Verzögerung, Bockigkeit, Dickköpfigkeit, Schweigen und Vertuschen lässt sie die Forderungen oder Wünsche des Partners anhaltend ins Leere laufen. Aus Angst vor Nähe und Wahrhaftigkeit erfindet sie Ausreden, leugnet Handlungs- oder Gesprächsbedarf, initiiert Kommunikationsabbrüche, entzieht sich jedem Dialog, verschwindet für ein paar Stunden oder Tage.

Passiv-aggressive Persönlichkeiten haben ein ausgeprägtes Elefanten-Wut-Ärger-Gedächtnis, sind nachtragend und unversöhnlich und können auch Jahre später sofort wieder in eine rigide Abwehremotion hineinspringen, wenn man sie an eine alte Geschichte erinnert. Während ein Borderliner in der Lage ist, mit etwas Abstand den ein oder anderen Kontrollverlust zu reflektieren oder sich zu entschuldigen, bleibt die passiv-aggressive Persönlichkeit auch mit zeitlichem Abstand in der emotionalen Verhaftung, Unbeweglichkeit, Unversöhnlichkeit und Kälte. Passiv-aggressive Menschen vermeiden eine klare Nein-Kommunikation oder eine offensive Aggression, da sie die Folgen fürchten.

Warum ist das so? Die passiv-aggressive Persönlichkeit ist unbewusst von zwei großen Ängsten getrieben. Zum einen von der Angst vor Nähe und zum anderen von der Angst vor Wahrhaftigkeit. Es gibt also gleichzeitig den Gedanken oder das Gefühl: »Niemand darf mir zu nahe kommen, niemand darf in meinen Ring steigen, denn meine Gedanken, Motivationen, Gefühle gehören mir allein, sind echt und nicht verhandelbar. Und wirklich niemand darf die Wahrheit über meine Gedanken, Motivationen oder Gefühle erfahren, denn irgendwie kommen mir meine eigenen Gedanken, Bedürfnisse und Gefühle nicht richtig vor.« Sie glauben also, dass Distanz notwendig für ihr Überleben ist, und sie glauben, Lügen oder Verschleierung seien notwendig für das Aufrechterhalten ihrer sozialen Systeme.

Oftmals entfernen sich Menschen mit einer passiv-aggressiven Persönlichkeit über die Dauer des Erwachsenenlebens in einem Akt der vermeintlichen Selbstrettung dadurch auch vor ihrer eigenen Wahrhaftigkeit. Die Mauern, die sie für andere aufbauen, um sich vor deren Nähe zu schützen, sorgen auch dafür, dass sie selbst gar nicht mehr wissen, was sie eigentlich denken, fühlen oder wollen. Unbewusst herrschen in ihnen Neid auf andere Menschen, ein diffuses Gefühl eigener Unzulänglichkeit, ein Mangel an Selbstachtung und Empathie. So wandeln sie sich selbst entfremdet und kalt durch ihr Leben und suchen in Extremerfahrungen Zugang zu den eigenen Gefühlen. Anstatt sich mit der Schleifung ihrer Mauern zu beschäftigen, um weicher, durchlässiger, offener zu werden, erhöhen sie die Dosis der Reize, um sich selbst wieder zu spüren. Dies kann Extrem- oder Gefahrensport sein oder zum Beispiel eine Sexualität der klaren Dominanz und Unterwerfung, und zwar je nach Persönlichkeit als Dom oder Sub. Eine Alternative zu dieser Spielart der Sexualität für einen passiv-aggressiven Menschen ist: keine Sexualität. Aber gerade der SM- und BDSM-Bereich bieten für passiv-aggressive Persönlichkeiten ein perfektes Erlebnisfeld, weil es klare Regeln gibt, die sich dem Diskursiven, dem Uneindeutigen, dem Fluiden, dem Offenen, dem Verhandelbaren entziehen, und weil es klare Grenzen gibt, die nach vorhergehender Absprache nicht überschritten werden dürfen. Für eine passiv-aggressive Persönlichkeit stellt dies eine wahnsinnige psychische Entlastung dar, während er eine Beziehung auf Augenhöhe als psychische Zumutung erlebt: Permanent droht die Gefahr einer Grenzüberschreitung durch den Partner, der durch eine einfache Frage wie »Wie geht es dir?« oder »Wie fühlst du dich?«

oder eine Aussage wie »So gefällt mir das nicht« in Bereiche vermeintlicher Kritik, Intimität oder Bevormundung vordringt, die den passiv-aggressiven Menschen glauben lassen, sofort in die Verteidigung und den Rückzug gehen zu müssen.

Passiv-aggressive Persönlichkeiten können ähnlich wie die Narzissten beruflich sehr erfolgreich sein. Zum Beispiel als Juristen, Mediziner, Ingenieure oder Betriebswirte. Meist in Bereichen, in denen weiterhin klare Hierarchien gelten und das Diskursive, Konsensuale, Offene, Vermittelnde nicht im Vordergrund steht.

Der Beziehungsalltag mit einer passiv-aggressiven Persönlichkeit ist von Dauer und Stetigkeit geprägt. Meist gibt es einen sehr gut funktionierenden oberflächlichen Alltag, Verantwortungen und Regeln werden eingehalten. Was auf den ersten Blick positiv klingt, wird auf den zweiten Blick für den Partner zur Qual: Dauer und Stetigkeit zeigen sich nämlich auch in den immer gleichen, wiederkehrenden Herausforderungen, die meist intimer, tiefer, psychologischer, emotionaler Natur sind. Eine dauerhafte Beziehung in einer solchen Struktur hat jahrelang die gleichen Themen, immer wieder ohne auch nur einen Millimeter Veränderung, Fortschritt, Kommunikation oder Offenheit zu erreichen. Wenn es die Themen »Liebe« und »Gefühle« sind, wird der Partner jahrelang fragen: »Liebst du mich?«, »Wie fühlst du dich?« oder »Was wünschst du dir?«, und die passiv-aggressive Persönlichkeit wird sich jahrelang um eine Antwort drücken. Wenn das Thema »unerfüllte Sexualität« ist, wird die passiv-aggressive Persönlichkeit sich jahrelang weigern, Veränderungen zu initiieren oder darüber zu sprechen. Untätigkeit, Verschleppung, Stillstand und Lähmung sind die hauptsächlichen Kennzeichen einer solchen Beziehungsdynamik. Oftmals noch gekrönt durch eine perfide Strategie des Verständnisses aus dem Mund des Passiv-Aggressiven: »Ich wünschte, ich könnte so über meine Gefühle sprechen wie du. Ich wünschte mir doch auch, dass es anders wäre. Es tut mir so leid, dass ich so bin, wie ich bin.« Der Effekt auf der Partnerseite ist Verwirrung, Zermürbung und Unsicherheit.

Partner von passiv-aggressiven Persönlichkeiten haben Mitleid mit ihrem Gegenüber und fühlen sich gleichzeitig allein gelassen, unverstanden, ungeliebt, ungesehen, sie erleben keinen Fortschritt, keine Entwicklung im Miteinander und verlieren mit jeder weiteren Stillstandsphase Lebens- und Partnerschaftsenergie, während der Passiv-Aggressive weiter in seiner Festung sitzt und alle Energie aufbringt, um jede gemeinsame Entwicklung zu vermeiden. Beide Seiten haben das Gefühl von Lähmung und Alternativlosigkeit. Über einer Partnerschaft in einer passiv-aggressiven Dynamik hängt nach einiger Zeit permanent ein grauer, dumpfer Schleier, hier herrschen Tristesse, Kälte, Einsamkeit und Stillstand.

Narzissten

Bei Narzissten hingegen ist permanent Party, allerdings meist nur für den Narzissten und nicht für seinen Partner. Der braucht vielmehr ein Sauerstoffzelt oder eine Frischzellenkur, weil der Narzisst ihn so auslaugt.

Aber beginnen wir von vorn: Über Narzissmus gibt es ganze Bibliotheken. Narzissmus ist die Modediagnostik unserer Zeit. Unsere Gesellschaft, so heißt es, produziert und honoriert Narzissten. Keine Partnerschaft, in der nicht einer behauptet, der andere sei ein ausgemachter Narzisst. Entsprechend sollte man mit diesem Urteil sehr vorsichtig umgehen. Hinzu kommt, dass Narzissmus in leichter und starker Ausprägung anzutreffen ist. Die leichte Form ist tolerabel und geradezu vergnüglich, eine schwere Ausprägung hingegen meist Ursache für eine höchst dysfunktionale und krank machende Beziehung. Und eine narzisstische Persönlichkeit zeigt sich in der Summe vieler Einzelaspekte, die für sich betrachtet gar nicht problematisch sind: Ein Narzisst ist ungemein unterhaltsam, kurzweilig, charmant, offen und mitteilsam. Er ist zu großen Gesten fähig und großzügig. Er ist weltläufig, sprudelt vor Ideen und Plänen, er kann umsetzen und realisieren. Der Beginn einer Partnerschaft mit einem Narzissten scheint wie ein Lottogewinn. Nie wird es langweilig, immer gibt es Impulse, Überraschungen, Abendpläne, hier ein Konzert, dort eine Einladung und an jedem Ort neue Gesichter, die der Narzisst mit seiner offenen Art unkompliziert kennenlernt und in nicht enden wollende kluge Unterhaltungen verwickelt. Der Himmel funkelt vor lauter Sternen, hängt voller Geigen, und Verliebtheit ist nie schöner als zu einem Narzissten.

Nach einer Weile jedoch dämmert es seinem Partner: Die eine Geschichte ist etwas übertrieben, das Lachen zu laut oder künstlich, das Lebenstempo zu hoch, die Bekanntschaft zu X oder Y mehr behauptet als vorhanden. Es gibt vielleicht auch mal eine charmante Lüge, um andere zu beeindrucken oder ihnen zu gefallen. (Da Narzissten auch Regierungschefs und Weltkonzernlenker sein können, können aber auch alle Geschichten wahr sein.) Und: Der Narzisst hat wenig Talent, zuzuhören, zu schweigen, einzugehen auf Wünsche, Sorgen, Hoffnungen, die man formuliert, immer nur stehen seine eigenen Bedürfnisse im Vordergrund und schreien nach Erfüllung. Energetisch wird eine Beziehung zu einem Narzissten dann schnell zur Einbahnstraße. Für ihn gelten ganz eigene Regeln, nämlich seine. Thematisch gelingt es dem Narzissten, den Tag einzig mit seinen Gedanken oder momentanen Befindlichkeiten, seinen beruflichen Angelegenheiten, Krankheiten, Sorgen, Plänen, Ideen oder Wünschen zu füllen. Für den Partner heißt es: liefern, liefern, liefern. Für den Narzissten: nehmen, nehmen, nehmen. Und: Genug ist nie genug. Permanent sehnt er sich nach positiver Rückmeldung, erinnert kurz vor dem gemeinsamen Einschlafen noch einmal an einen seiner klugen Wortbeiträge vom Vormittag, um sich ein Gute-Nacht-Lob abzuholen und dann selig ob des Gefühls seiner eigenen Großartigkeit einzuschlummern. Und auch wenn Narzissmus oft mit unnatürlich hoher Eigenliebe, Egozentrik, Durchsetzung der eigenen Wünsche und Vorstellungen gleichgesetzt wird, ist dies nur die halbe beziehungsweise eine vordergründige Wahrheit, die in die ganz falsche Richtung deutet. Denn während bei nichtnarzisstischen Persönlichkeiten das innere Emotions- und Selbstbewusstseinsglas je nach Tagesform halb leer und dann wieder halb voll sein kann, ist es bei Narzissten immer halb oder ganz leer. Es scheint, als hätte der Narzisst kein Selbstliebereservoir, weshalb er ständig im Außen und vom Partner Bestätigung, Anerkennung, Liebe, Bewunderung einfordert, um sich so halbwegs in Ordnung zu fühlen. Was also wie selbstverliebte Egozentrik aussieht, ist in Wahrheit verzweifelte Hilf- und Orientierungslosigkeit.

Warum verhält sich ein Narzisst so? Wie eben schon angedeutet, möchte ich Ihnen eine Erklärung präsentieren, die etwas den Fokus von der übersteigerten Selbstliebe und Egozentrik verschiebt hin zum Mangel an Selbstkenntnis und Selbstbewusstheit. Ganz einfach deshalb, weil für mich die übersteigerte Selbstliebe und Egozentrik nicht Ursache, sondern Auswirkung des Narzissmus ist. Die Grunderfahrung der narzisstischen Persönlichkeit ist: »Ich darf nicht der sein, der ich bin. Ich bin nicht richtig. Ich genüge nicht.« Das heißt, es gibt eine prägende frühkindliche Erfahrung, das Kind hört Sätze wie »Dein blutendes Knie ist gar nicht so schlimm. Das ist doch kein Grund zu weinen« oder »Sei nicht traurig, weil deine Schildkröte tot ist, denn dann werde ich auch traurig, und du willst doch nicht, dass ich traurig bin«. Es kann aber auch eine eindeutig feindselige Rückmeldung gewesen sein wie »Du hättest nie geboren werden dürfen, seit du da bist, ist das Leben schlecht«. Egal, ob mütterlicher oder väterlicher Versuch zu trösten oder eindeutige Abwertung, beim Kind kommt an: Ich darf nicht fühlen, wie ich fühle, nicht sein, wie ich bin. Eine gesunde Reaktion wie Trotz steht dem zukünftigen Narzissten nicht zur Verfügung, er verlernt, auf seine eigene Stimme, seine eigenen Bedürfnisse und Emotionen zu hören, und bemüht sich, nur noch die Außenwelt bei Laune zu halten, um aus deren Freude oder Lob Bestätigung seiner selbst zu ziehen. Er hat dann – ähnlich wie der Passiv-Aggressive, dessen Reaktion auf solche Erfahrungen jedoch Rückzug von der Außenwelt ist – irgendwann keinen Zugang mehr zu seinen eigenen Gefühlen. Anders als der Passiv-Aggressive aber, der seine Gefühle hinter Mauern versteckt, hat der Narzisst seine eigene Gefühlswelt externalisiert, macht sich damit vollkommen abhängig vom Urteil seiner Außenwelt. Er weiß gar nicht, wie er sich fühlen soll, wenn es kein Außen gibt. Er fühlt sich nur noch wohl, wenn er permanent von anderen gelobt, gefeiert und bejubelt wird. Insofern ist das berühmte Bild von Narziss, der selbstverliebt sein Spiegelbild betrachtet, irreführend. Der Narzisst schaut nicht in einen Spiegel oder ein reflektierendes Gewässer (also in etwas Dingliches) und vergisst dabei seine Außenwelt, sondern er schaut präzise und sehr sensibel genau in diese Außenwelt (also in etwas Soziales) und verlangt, erwartet permanent positive Rückmeldung, Spiegelung von dieser Außenwelt. Ein Passiv-Aggressiver braucht streng genommen keine Außenwelt, ein Narzisst ist ohne eine Außenwelt nichts, sie ist ihm der Nektar seiner Existenz, das Schwungrad seiner Lebendigkeit. Ein Narzisst ist deshalb sehr sensibel, sehr aufmerksam bezüglich seiner Außenwelt, aber nur, um von ihr Bestätigung zu bekommen. Wenn umgekehrt die Außenwelt etwas vom Narzissten will, hat er hingegen keine Antennen dafür oder keine Bereitschaft, etwas in dieser Richtung zu tun. Das erklärt auch, warum Narzissten oftmals mehr als andere Menschen von Todesängsten und dem Verlust ihrer Vitalität getrieben sind. Sie sind lebenshungrig, permanent aktiv, dem Jugendwahn verfallen, da sie keine innere Uhr, kein inneres Gefühl für Werden und Vergehen haben, da sie innerlich leer sind. Ein Gefäß, das anhaltend von außen befüllt werden muss. Sie wissen nicht, dass es Zeiten des Wachstums, Zeiten des Werdens und Zeiten der Ruhe, Zeiten der Ernte, Zeiten des Vergehens gibt. Sie glauben, ewig leben zu können sei ein Geschenk und kein Fluch. Und sie wissen: Sie können nicht ewig leben. Und bevor sie daran verzweifeln, kompensieren sie dies mit permanenter Aktivität und strikter Ablenkung von dieser für sie beunruhigenden Gewissheit.

Die Sexualität von Narzissten ist so vielfältig wie der Narzissmus. Es gibt hier kaum feste Sexualitätsmuster. Sexualität ist für den Narzissten wichtig. Ist dies doch eine weitere Bühne, auf der er seine Großartigkeit und Lebendigkeit ausleben, zeigen und spüren kann. Monogamie hält er für altmodisch. Gern möchte er in einer festen Beziehung leben, aber daneben jederzeit andere sexuelle Abenteuer erleben können. Für jeden sexuellen Akt möchte er Bewunderung. Er glaubt von sich selbst, der beste Liebhaber der Welt zu sein. Wenn sein Partner ihn kritisiert, verweigert er sich und hält an seinem sexuellen Muster fest. Im SM-Bereich ist er eher der Dominante als der Submissive.

Beruflich sind Narzissten immer und überall erfolgreich, solange sie in einer Branche arbeiten, in der Dynamik, Geld, Ruhm, eine Bühne, Applaus und Aufregung geboten werden. Das kann ein Start-up, eine Kanzlei, ein Medienunternehmen, der Profisport, das Showgeschäft, ein Klinikum, ein Familienbetrieb, ein DAX-Unternehmen oder die Politik sein.

Der Beziehungsalltag mit einem Narzissten ist für den Partner von Erschöpfung und Überforderung geprägt. Immer muss er applaudieren und bewundern oder den narzisstischen Sonnengott zu einem Empfang begleiten, auf dass dessen Licht noch heller leuchtet, wenn alle Welt sieht, welch attraktiven Partner er an seiner Seite hat. Für den Narzissten hingegen ist der Partner nach der ersten Verliebtheit meist eine Enttäuschung. Er fordert mehr Engagement, eine bessere Performance, ein höheres Commitment – und zwar um seine Ziele, sein Lebensglück zu erreichen. Partnerschaft dient dem Narzissten dazu, eine maximale Ich-Verwirklichung zu erzielen, für die er allerdings unbedingt einen Partner benötigt, der ihm permanent seine Großartigkeit spiegelt, eine partnerschaftliche Wir-Verwirklichung interessiert ihn nicht.

Auch im Konfliktfall neigt der Narzisst zur Selbstberauschung, Selbstbegeisterung und Selbstidealisierung, er betont gern seine eigene Wichtigkeit und Richtigkeit, nur um von seiner eigentlichen Unsicherheit abzulenken, sich als ungenügend und falsch zu empfinden. In totaler Verkennung der Beziehungsrealität behauptet der Narzisst auch noch, es ginge immer nur um die Belange des Partners und nicht um ihn. Gern koppelt er die Betonung seiner eigenen Fehlerfreiheit und Grandiosität an die gleichzeitige Abwertung des Partners oder Dritter und fällt durch ein stringentes antikooperatives Verhalten auf. Die anderen, die Außenwelt, sind ihm nie Gefährten, Freunde, Verbündete, sondern nur Gefährt, Transmissionsriemen, Vehikel für die eigene Größe und Einzigartigkeit.

Warum erzähle ich Ihnen all das? Weil diese vier Persönlichkeitstypen weit verbreitet und die strukturelle Blaupause für die meisten dysfunktionalen, giftigen Beziehungen sind.

Falls Sie selbst Ihren Beziehungsalltag nach diesen Mustern organisieren: Stellen Sie sich Ihrem Schatten, und streben Sie innere und äußere Veränderung an, nur dadurch kann Ihre Partnerschaft gelingen. Wegschauen oder Relativieren gilt nicht.

Falls Sie einen Partner haben, der nach einem der vier Muster Ihre gemeinsame Beziehung prägt, Sie darunter leiden, es Sie krank macht, Sie auspowert und Ihr Partner keinen Leidens- oder Veränderungsdruck sieht: Beenden Sie schnellstmöglich die Beziehung.

Die Wahrheit bleibt nämlich auch: Meist werden solche giftigen, dysfunktionalen Beziehungen mit irrationaler Energie durch den darunter leidenden Partner aufrechterhalten und nicht durch den Süchtigen, nicht durch den Borderliner, nicht durch den Passiv-Aggressiven, nicht durch den Narzissten. All jene, die an solchen giftigen Beziehungen festhalten, haben ein ausgeprägtes Helfer- und Rettersyndrom und/oder neigen zum magischen Denken. Das heißt, in ihnen gibt es eine Stimme, die sagt: »Ich schaffe das. Ich bin stark genug, um das auszuhalten«, »Ich bin nicht seine Mutter. Ich bin nicht sein Vater. Ich werde meinem Partner helfen«, »Ich werde ihn ins Licht führen«, »Ich werde ihn zum Sprechen bringen«, »Ich werde ihn retten«, »Ich werde ihn gesunden«, »Ich werde ihn weniger selbstsüchtig machen«, »Ich bringe ihn von den Drogen weg«, »Ich werde Verständnis haben, und dann beruhigt er sich wieder«, »Ich werde ihm seine Angst vor Nähe nehmen« und so weiter. Hüten Sie sich vor solchen Gedanken, Sie können nur verlieren. Beurteilen Sie Ihren Partner nach seinen Taten, nicht nach seinen Potenzialen.

Aufwachen aus dem Traumland, Teil zwei:
Biografische Konstellationen,
die Partnerschaften belasten
oder Warum ein verheirateter Partner nur selten
seine Kernfamilie verlässt

»Ich lebe seit acht Jahren in einer Affäre mit einem verheirateten Mann, der mich jeden Dienstag drei Stunden besucht und mit mir zweimal im Jahr ein paar Tage in Urlaub fährt. Wann, glauben Sie, wird Thomas seine Familie endlich verlassen und mit mir eine neue Familie gründen?« Fragen wie diese höre ich in meiner Praxis immer wieder. Erwachsene, kluge Menschen lassen sich auf Konstellationen ein, die von außen betrachtet keine Perspektive haben, und wünschen sich meine Unterstützung, da sie mit der psychischen Belastung der Beziehung im Wartestand nicht klarkommen. Meine sehr prosaische Antwort lautet meist: »Der Mensch, auf den Sie warten, wird niemals kommen. Lösen Sie sich besser schnellstens von der Illusion, dass daraus je etwas wird.«

Im Leben eines Menschen gibt es biografische Opportunitäten, die zum optimalen Zeitpunkt einfacher gelingen als zu einem anderen Zeitpunkt: Einen Schulabschluss macht man in Deutschland am einfachsten, bevor man zwanzig ist, eine Berufsausbildung oder ein Studium absolviert man mit den geringsten äußeren Widerständen am besten, ehe man dreißig ist, eine Familie gründet man optimalerweise vor seinem vierzigsten Geburtstag und so weiter. Natürlich können Sie all das auch zu anderen Zeitpunkten in Ihrem Leben machen, aber meist mit höheren Widerständen, schwierigeren Start- oder Umsetzungsvoraussetzungen.

Treffen nun zwei Menschen aufeinander, die sich ineinander verlieben, aber an unterschiedlichen biografischen Stationen stehen, bezahlt meist derjenige den höheren Preis, dessen Lebenslauf sich noch nach einer Erfüllung sehnt, die der andere schon einmal gelebt hat. Die Frau mit Kinderwunsch wird von dem Mann, der bereits Kinder hat, meist hingehalten. Der ledige Mann, der gern heiraten möchte, wird von der gerade frisch geschiedenen neuen Partnerin eher vertröstet als sofort geehelicht. Die zweifache Mutter kleiner Kinder, die in erkalteter, aber friedlicher Beziehung mit dem Kindsvater zusammenlebt, wird für ihren Geliebten meist nicht die Familie verlassen.

Schauen Sie dieser sehr profanen Wahrheit bitte ins Auge. Sollten Sie sich in einen Menschen verlieben, der an einer anderen biografischen Phase steht und/oder andere biografische Verwirklichungen/Manifestationen sucht als Sie, dann gibt es nur zwei Szenarien: Ihre gegenseitige Verliebtheit und Liebe ist so umwerfend, dass Sie beide spontan völlig irrationale und beglückende Veränderungen initiieren, Sie also alles über Bord werfen, was bislang richtig schien – oder es passiert nie. Dazwischen gibt es fast nichts. Sollte die Hängepartie Ihrer Beziehung 24 Monate und länger dauern, kann ich Ihnen aus meiner Praxis versichern, dass sich daran im Regelfall auch in den kommenden Jahren nichts ändern wird.

Das Unfaire solcher Konstellationen ist, dass die Liebesbeziehung schnell zum Machtspiel wird und der Verlangensschwächere meist in tiefer Entspannung und ohne inneren Leidensdruck am längeren Hebel sitzt und gleichzeitig mit Nebelbomben um sich wirft, um die Situation diffus zu halten und Zeit zu gewinnen. Verlangensschwächere sind diejenigen, die aktuell kein Bedürfnis nach Zusammenziehen, nach Heirat, nach Kindern, nach Gründung einer neuen Familie haben. Verlangensschwächere sind Menschen, die grundlegend kein Bedürfnis nach solchen Verwirklichungen und Manifestationen haben oder diese Verwirklichungen und Manifestationen in ihrem Leben schon erreicht, diese gelebt haben oder noch leben.

Die Wirklichkeit einer Beziehung wird immer durch den Verlangensschwächeren geprägt. Dieser Gedanke wird uns im Buch noch öfter begegnen. Im Zusammenhang dieses Kapitels heißt das: Wenn in einer Beziehung ein Partner zum Beispiel verlangensschwächer bezüglich Heirat ist, dann wird dieses Paar nicht heiraten. Wenn in einer Beziehung ein Partner verlangensschwächer bezüglich Kindern ist, dann wird dieses Paar in der Regel keine Kinder haben – und so fort.

Falls Sie also aktuell in einer Beziehung sind, in der Ihr Partner biografische Manifestationen verweigert, die Ihnen wichtig sind, dann sollten Sie sehr selbstkritisch und wirklich realistisch auf die weiteren Möglichkeiten Ihrer Beziehung schauen.

Ein verheirateter, familienorientierter Mann, der mit zwei kleinen Kindern und der Mutter seiner Kinder eine alltagstaugliche Beziehung ohne Sexualität lebt, wird diese Kernfamilie nur selten für seine Geliebte verlassen. Warum sollte er? Für den Mann besteht kein Leidensdruck und kein biografischer Zeitdruck, mit der Geliebten hat er sich womöglich einfach nur wieder die Sexualität in sein Leben geholt, die in der Familienkonstellation verloren gegangen ist. Eine Frau ohne Kinderwunsch wird ihrem Partner mit Kinderwunsch mittel- und langfristig den Kinderwunsch nicht erfüllen.

Auch sie hat keinen Leidensdruck, da sie mit der kinderlosen Paarbeziehung genau das hat, was sie im Leben möchte. Ein Mann, der erwachsene Kinder hat und froh darüber ist, dass diese schon selbstverantwortlich sind, wird seiner neuen Partnerin, die noch einen Kinderwunsch hat, diesen meist nicht erfüllen, da er die Etappe im Leben bereits erreicht hat. Eine Frau mit erwachsenen Kindern und einem hohen Verwirklichungsbedürfnis jenseits der Elternschaft wird dem neuen Partner, der noch kleine Kinder aus einer vorhergehenden Beziehung zu umsorgen hat, den Wunsch nach Zusammenziehen verweigern, da sie sich dadurch in ihrem Bedürfnis nach Selbstverwirklichung und Freiheit eingeschränkt fühlt.

In all diesen Szenarien kommen immer wieder die gleichen Konstellationen bei den Verlangensschwächeren zum Vorschein: Diese haben sowohl keinen inneren Leidensdruck, für sie ist alles so weit prima und nach ihren Vorstellungen, als auch keinen zeitlichen Leidensdruck, sie haben ja schon mal erreicht, was der andere sich wünscht, oder sie haben diesen Wunsch nach Erfüllung grundsätzlich nicht. Sie sind schon verheiratet, haben bereits Kinder, lebten schon in enger Verbindung oder wollen keine, sie wollen keine Heirat und nicht in tiefer Nähe mit einem Partner leben. Der Verlangensschwächere spürt also weder Leid im aktuellen Istzustand, noch spürt er zeitlichen Druck.

Egal, wie es also läuft, der Verlangensschwächere gewinnt immer. Entweder kocht er den Verlangensstärkeren durch Unklarheit, Vertröstung, Verschleierung, geheucheltes Nachdenken so lange mürbe, bis dieser sich frustriert und verbittert von seinen eigenen Lebensplänen verabschiedet, oder die Beziehung scheitert erst mittelfristig, was aber für den Verlangensschwächeren meist weniger problematisch ist als für den Verlangensstärkeren; denn der hat dadurch wertvolle Jahre verloren, die ihn von seinem Lebensziel weiter entfernt haben.

Biografische Konstellationen sind auf der Skalierung der Beziehungskiller meines Erachtens die unfairsten. Während sich zum Beispiel mögliche Abgründe der Persönlichkeitstypen aus dem vorhergehenden Kapitel recht schnell und deutlich zeigen, sind die lebensbiografischen Konstellationen zwar auch nach einer gewissen Zeit in einer Partnerschaft oder auch schon von Anfang an vermeintlich offensichtlich; und doch werden sie meist als Soft-Faktoren betrachtet, die verhandelbar oder umkehrbar scheinen. Konfrontiert mit Unvereinbarkeiten, glaubt der Verlangensstärkere, er könne den Verlangensschwächeren mittelfristig überzeugen (»Mein Partner will zwar aktuell keine weiteren Kinder, aber ich bin mir sicher, dass er das in zwei, drei Jahren anders sieht«). Hinzu kommt, dass die Verlangensschwächeren auch noch vordergründig verständnisvoll agieren (»Natürlich hast du ein Recht auf eine eigene Familie, so wie ich schon eine habe«), setzen Zeitpunkte (»Gib mir noch ein halbes Jahr. Nach dem Sommerurlaub verlasse ich meinen Partner mit den Kindern«), vertrösten auf eine ferne Zukunft (»Aktuell möchte ich keine Kinder, aber in fünf Jahren vielleicht«), inszenieren ihre eigene Diffusität (»Ich weiß es doch auch nicht. Ich brauche noch Zeit zum Nachdenken«), schmeicheln (»Du bist die größte Liebe meines Lebens, aber ich muss vorher noch ein paar Jahre verantwortlich meine Kinder betreuen«), rationalisieren das Irrationale (»Ich weiß, dass du dir das wünschst, aber jetzt hast du dich nun mal in mich verliebt und ich mich in dich, und deshalb wäre es vielleicht auch einmal an der Zeit, dass du dich von deinen Lebensplänen verabschiedest, damit wir unsere Liebe leben können«) und verschweigen dabei, dass die Kosten für diesen Deal immer nur der Verlangensstärkere bezahlt, indem dieser auf seine Lebenspläne verzichtet.

Diese Konstellation kann nur vom Verlangensstärkeren gelöst werden, da wie gesagt für den Verlangensschwächeren alles so, wie es ist, total in Ordnung ist. Bevor Sie also weiterlesen, befragen Sie bitte Ihre Beziehung in aller Ernsthaftigkeit, ob Sie und Ihr Partner an gleichen, ähnlichen, vereinbaren biografischen Etappen stehen oder nicht beziehungsweise ob Sie und Ihr Partner ähnliche biografische Manifestationen (Kinder, Heirat, Karriere, Eigenheim, Weltumsegelung, Auslandsjahre, Selbstständigkeit, Sexualität) suchen, sich wünschen, vorstellen können oder nicht. Und wenn das nicht so ist, ob Sie bereit sind, für diesen Partner eigene biografische Etappen aufzugeben. Falls Sie dazu nicht bereit sind, ist es besser, Ihre aktuelle Beziehung so schnell wie möglich zu beenden, um die ganz große Krise und Verbitterung, die in solch einer Konstellation meist nach fünf bis fünfzehn Jahren folgt, zu vermeiden.

Aufwachen aus dem Traumland, Teil drei:
Zwei Persönlichkeitsstrukturen, mit denen Partnerschaft schwierig wird
oder Warum Abwechsler und Distanztypen jede Beziehung auf eine harte Probe stellen

Menschen sind seit jeher aus krummem Holz geschnitzt. Ein paartherapeutischer Ansatz, der davon ausgeht, dass Partnerschaft und eine Liebesbeziehung bestimmte Kategorien zu erfüllen hat, dass es eine Art verbindliche Normalität einer Paarbeziehung zu geben hat, scheitert an den unterschiedlichen Realitäten von Beziehungen und an den verschiedensten Bedürfnissen.

Nichts ist falsch an einem Menschen, der kein Bedürfnis nach Sexualität hat, nichts ist falsch an einem Menschen, der täglich an der Seite seines Partners aufwachen möchte, nichts ist falsch an einem Menschen, der seine eigene Wohnung behalten möchte, nichts ist falsch an einem Menschen, der dauernd nach neuen Reizen und Abenteuern sucht, weil er sich nur dann lebendig fühlt, nichts ist falsch an einem Menschen, der seine Kindergartenliebe heiratet und damit sein größtes Lebensglück verwirklicht. Es wird nur sehr herausfordernd, wenn ein solcher Mensch sich einen Partner wählt, der ganz andere Bedürfnisse hat.

Als Therapeut ist es mir ein zentrales Anliegen, die Menschen auf ihre Eigenarten und Einzigartigkeiten hinzuweisen. Ihnen also zu vermitteln, dass ihre Bedürfnisse ganz speziell ihre eigenen und meist *nur* ihre eigenen Bedürfnisse sind. Dadurch entsteht einerseits ein Bewusstsein der eigenen Einzigartigkeit: »Das bin ich. Und das sind meine Bedürfnisse. Durch die Benennung der Eigenarten habe ich aber auch die Chance, meine Eigenarten zu hinterfragen. Folge ich nur einem alten Muster, das mir zum Beispiel meine Eltern vorgelebt haben oder das ich aus romantischen Filmen kenne? Oder folge ich wirklich meinen Bedürfnissen und bin damit ein glücklicher beziehungsweise der glücklichste Mensch, der ich in diesem Leben sein kann? Und kann ich das überhaupt unterscheiden? Die Benennung meiner Eigenarten steigert meine Wahrnehmung wie auch meine Selbstkenntnis.«

Paarkonflikte entstehen oft durch unterschiedliche Bedürfnisse. Anstatt aber diese Bedürfnisse in ihrer Differenz wahrzunehmen und zu akzeptieren, besteht das Paardrama darin, meinem Partner vorzuwerfen, dass seine Bedürfnisse falsch, krank, pervers, verrückt oder unreif seien. Wir werden uns im Verlauf dieses Buches noch intensiver mit der Akzeptanz von Differenz beschäftigen. An dieser Stelle nur so viel: Grob gesagt, gibt es das gegensätzliche Lager von Abwechslern und Dauertypen und das gegensätzliche Lager von Distanz- und Nähetypen. Die beziehungsorientierten Menschen sind die Dauer- und die Nähetypen, die beziehungsdistanzierten oder -vermeidenden Personen sind die Abwechsler und die Distanztypen.

Abwechsler

Der Abwechsler wechselt immer mal wieder die Freundeskreise, hatte viele Sexualpartner, mehrere eher kurz- oder mittelfristige Beziehungen, ist ein interessanter, anregender Gesprächspartner, aber nicht sonderlich verlässlich, er vergisst Geburtstage und Hochzeitstage, hört nicht so genau hin, vergisst Gespräche, sagt kurzfristig gemeinsame Urlaube ab, war selten zweimal am gleichen Urlaubsort, geht allein auf Partys, wenn der Partner krank ist, bleibt länger auf Partys, wenn der Partner müde ist, verändert sich häufig beruflich, erfindet sich alle paar Jahre neu, zieht gern um, hat mal dieses, mal jenes Hobby und so fort. Abwechsler leben primär in der Gegenwart und einer verheißungsvollen Zukunft, der romantisierende Blick in eine Vergangenheit ist ihnen fremd.

Der Abwechsler leidet unter allen Gedanken oder Gefühlen, die um Notwendigkeit, Verzicht, Kompromiss, Vernunft, Affektaufschub, Endlichkeit, Dauer, Langeweile, Wiederholung, Routine kreisen, beziehungsweise fühlt sich von diesen Gedanken und Gefühlen bedroht. Um diesen Gedanken und Gefühlen zu entkommen, flieht er in Handlungen, die seine Freiheit manifestieren, gibt sich spontanen Affekten hin, zelebriert die Bindungs- und Ruhelosigkeit, liebt den Wandel, das Risiko und den Exzess. Wachstum und Frieden könnte er finden, wenn er sich in Gelassenheit, Trägheit, Stillstand, Innehalten, Nüchternheit, Demut, Dankbarkeit und Unsicherheit übte.

Der Dauertyp

Der Dauertyp organisiert die Abitreffen, hält zu Grundschulfreunden Kontakt, hat ganz wenige Freunde, die aber schon seit Jahrzehnten, vergisst keinen Geburtstag und keinen Hochzeitstag, ist eher ein ruhiger oder stiller Zeitgenosse, bleibt zu Hause, wenn der Partner krank ist, geht mit dem Partner nach Hause, wenn dieser müde ist, hatte wenige Sexualpartner sowie wenige, aber immer sehr lange Beziehungen, lebte stets mit seinen Partnern zusammen, will immer alles ganz genau wissen, erinnert sich an jedes Detail, geht seit seiner frühen Kindheit den gleichen Hobbys nach, engagiert sich in Vereins- oder Verbandsarbeit, wusste schon bei der Einschulung, was er beruflich einmal machen wollte, fährt immer an den gleichen Urlaubsort, wohnt ideal im Ort seiner Herkunft und so fort.

Ein Dauertyp lebt in zeitlichen Kontinuitäten, was in der Vergangenheit begann, ist jetzt und wird in eine Zukunft geführt. Er lebt im Augenblick Vergangenheit, Gegenwart und Zukunft in einer Gleichzeitigkeit. Gedanken und Gefühle, die dem Dauertyp Angst machen, implizieren Wandlung, Neues, Veränderung, Risiko, Unsicherheit und die Tatsache der Vergänglichkeit. Um diesen Ängsten und Sorgen zu entkommen, versucht er sich in Vertiefung, Routinen, Rigidität, Statik, Wiederholung, Beharren, Verharren und Klammern. Wachstum und inneren Frieden könnte er finden durch Lässigkeit, Ziellosigkeit, Offenheit und Interesse an Neuem.

Der Distanztyp

Der Distanztyp braucht seinen Freiraum, bevorzugt getrennte Schlafzimmer, getrennte Wohnungen oder ein eigenes Zimmer, pflegt eigene Freundeskreise, möchte nicht alles mit dem Partner teilen, hat Bereiche, die er auch in einer langen Partnerschaft nicht öffnet (zum Beispiel Finanzen oder Gesundheit), pflegt kaum oder selten Umgang mit seiner Herkunftsfamilie, meldet sich bei Freunden ein- bis zweimal im Jahr, braucht wenig körperliche Nähe, hat nur sporadisch Interesse an Sexualität beziehungsweise lässt Sex nur dann zu, wenn er gerade selbst daran Interesse hat, hält zu seinen Arbeitskollegen ein distanziertes Verhältnis, macht viele Probleme oder Herausforderungen mit sich selbst aus, geht gern allein ins Kino, in den Urlaub oder in Restaurants, reagiert mit Rückzug, wenn der Partner ihn zu sehr vereinnahmt – und so fort.

Begriffe wie »Vergangenheit«, »Gegenwart« oder »Zukunft« spielen für den Distanztyp keine Rolle. Er lebt in einer Art Zeitlosigkeit und ist mehr mit seiner spezifischen Organisation von sozialen Interaktionen als mit zeitlichen Perspektiven beschäftigt. Der Distanztyp hat Angst vor Selbsthingabe, Altruismus, Konfrontation, Offenheit und Nähe. Er schützt sich davor durch Egozentrik, Alleinsein, Stolz, Rückzug, Vermeidung, Abkapselung, Zorn, Rache, Täuschung und Verteidigung. Sein Weg zu innerem Wachstum und zu Veränderung wäre geprägt von der Hinwendung zu Barmherzigkeit, Liebe, Empathie, Freundschaft, Beteiligung und Opferbereitschaft und die Realisation von Zeit als Kontinuum und als Qualität.

Der Nähetyp

Der Nähetyp wünscht sich Verschmelzung auf allen Ebenen, kann sich Beziehung nur mit *einem* Schlafzimmer und einer großen Bettdecke vorstellen, möchte jeden Abend in Löffelchenstellung mit dem Partner einschlafen und so wieder aufwachen, plant alle Aktivitäten gemeinsam, will abends zusammen mit dem Partner auf dem Sofa liegen, hält intensiv Kontakt zu seiner Herkunftsfamilie, meldet sich wöchentlich bei Freunden telefonisch oder vereinbart gemeinsame Wochenendausflüge, spricht über alle Bereiche seines Lebens mit seinem Partner, möchte alles von ihm wissen, trägt sämtliche Herausforderungen, Probleme, Ärgernisse, Freuden und Erlebnisse in die Partnerschaft, reagiert verletzt und traurig, wenn der Partner etwas ohne ihn machen möchte, und so fort.

Der Nähetyp fühlt sich allein nicht komplett, er fürchtet sich unbewusst vor einer erwachsenen Ichwerdung und vermeidet Zufriedenheit mit sich selbst beziehungsweise mit der Situation. Alleinsein, Eigenständigkeit, Distanz und Mangel machen ihm größere Angst als den anderen Typen. Um Angst und Gefühle des Unwohlseins zu vermeiden, sucht er die Verschmelzung und Abhängigkeit, er flüchtet sich in Gefühle von Neid, Scham oder Melancholie und neigt zur Idealisierung anderer und ihrem Leben oder zur Verklärung einer Vergangenheit, die es so nie gab. Die Gegenwart ist voller Gefahr, die Zukunft voller möglicher Szenarien des Scheiterns, die tunlichst zu vermeiden sind. Er träumt von Perfektion, verliert sich in Grübeleien, Trägheit, Selbstlosigkeit und Selbstvergessenheit.

Die Wachstumschance für innere Freiheit bestünde für den Nähetypen primär darin, mutig, zuversichtlich und unerschrocken durchs

Leben zu gehen und damit durchaus etwas egoistischer zu agieren. Statt Passivität die Aktivität zu suchen, Veränderungen zu initiieren, gleichmütig zu sein, das Alleinsein gelassen und zuversichtlich zu üben und die Gegenwart in ihrem Sosein zu akzeptieren.

Die wenigsten dieser Typen existieren in Reinform. Manche sind berufliche Distanz- und private Nähetypen, andere berufliche Vertiefer und private Abwechsler, manche körperliche Distanz- und emotionale Nähetypen. Die eine oder andere Charakteristik trifft auf einen Partner nicht zu, der Rest schon und umgekehrt. Wozu ich Sie einladen möchte: Denken Sie sich und Ihren Partner in diesem Raster. In welche Kategorie gehören Sie? Welche Spezifika habe ich vergessen? Was trifft zu, was überhaupt nicht? Wo würden Sie Ihren Partner verorten? Wo verorten Sie sich selbst? Passt das zusammen? Oder gibt es da kaum Überschneidungen? Und was bedeutet das für Ihre Beziehung und Ihren Beziehungsalltag? Und die Zukunftsfähigkeit Ihrer Partnerschaft?

Menschen, die den vier erwähnten Persönlichkeitstypen entsprechen, und solche, die unterschiedliche lebensbiografische Pläne haben (siehe die beiden vorhergehenden Kapitel), agieren vordergründig meist extrem bindungsorientiert. Sie tragen damit viel Diffusität und Unheil in eine Beziehung. Die betroffenen Personen beteuern und beschwören ihren Beziehungswunsch und ihre innige Liebe. Wir erleben solche Menschen als ambivalent, weil sie ja nicht nach ihren Worten handeln. Und wir hoffen, sie durch unsere Liebe aus der Ambivalenz befreien zu können. Wir erleben uns als vermeintliche Retter und müssen doch mit ansehen, wie sich unser Gegenüber dauerhaft gar nicht retten lassen will.

Diese Menschen spielen meist nicht mit offenen Karten. Sie behaupten einen Beziehungswunsch, den sie nicht mit Leben und

Liebe füllen können, und sie benutzen ihren Partner, um ihre egoistischen Bedürfnisse zum Beispiel nach Anerkennung oder Sexualität oder Status zu befriedigen. Ihre Liebe gilt aber meist nur sich selbst oder einer Substanz. Das Beziehungsdrama in der Dauerschleife ist dadurch programmiert und kann nur durchbrochen werden, wenn Sie sich von einem solchen Menschen trennen.

Was die Distanz- und Abwechslertypen auszeichnet, ist ihre Offenheit. Anders als die Narzissten, die Borderliner, die Passiv-Aggressiven und die Süchtigen, spielen die Distanz- und Abwechslertypen meist mit offenen Karten oder sind leicht zu durchschauen. Sie sagen: »Bis dahin und nicht weiter. Ich brauche meinen Raum. Ich brauche Abwechslung. Ich brauche Distanz.« Wenig ist an diesen Menschen ambivalent, diffus oder falsch. Sie haben nur grundsätzlich andere Bedürfnisse als Vertiefer- oder Nähetypen. Das ist strukturell der Unterschied zu den vier Persönlichkeitstypen und den Menschen mit unterschiedlichen lebensbiografischen Plänen. Aber dieser Unterschied ist wesentlich.

Wenn sich zwei Distanztypen treffen, kann daraus eine gute und verlässliche Liebesbeziehung erwachsen, die sich zum Beispiel dadurch zeigt, dass ein solches Paar dauerhaft in getrennten Wohnungen lebt oder Sexualität keine oder eine unbedeutende Rolle in ihrer Beziehung spielt. Nichts ist daran falsch.

Wenn sich zwei Abwechslertypen treffen und ineinander verlieben, dann kann daraus eine gute und verlässliche Liebesbeziehung erwachsen, die sich zum Beispiel dadurch zeigt, dass ein solches Paar dauerhaft eine offene Beziehung lebt, die beiden immer wieder Affären erlaubt, oder man konsequent in getrennten Freundeskreisen agiert. Nichts ist daran falsch, wenn sich zwei Menschen darauf einigen und dabei zufrieden und glücklich sind.

Dauer- und Nähetypen passen ohnehin zueinander. Herausfordernder wird es, wenn ein Dauertyp auf einen Abwechsler trifft oder ein Nähe- auf einen Distanztyp. Hier heißt es, wachsam zu sein und seine Energien nicht am falschen Ende zu verbrauchen. Distanz- und Abwechslertypen spielen wie gesagt meist mit offenen Karten. Sie können ihnen nicht vorwerfen, dass sie ein weniger ausgeprägtes Bedürfnis nach Nähe haben als Sie, Sie können ihnen nicht zur Last legen, dass sie ein höheres Bedürfnis nach Abwechslung haben als Sie. Was Sie tun müssen: Hören Sie in sich hinein, ob Sie dem geliebten Menschen erlauben können, der zu sein, der er sein möchte. Und Gleiches gilt, wenn Sie der Distanztyp sind und mit den Forderungen eines Nähetyps konfrontiert werden. Nichts ist falsch an den Bedürfnissen eines Nähetyps. Sie müssen sich nur überprüfen, ob Sie die innere Bereitschaft aufbringen, diese Wünsche zu erfüllen beziehungsweise zu tolerieren. Oder ob Sie die innere Bereitschaft aufbringen, auf Ihre Nähe- oder auf Ihre Abwechslungsbedürfnisse zu verzichten. Die Realität einer Beziehung können Sie ja nur durch diese doppelte Dynamik verändern: indem Sie sich auf die Wünsche Ihres Partners einlassen und indem Sie auf Ihre Bedürfnisse verzichten. Alles andere ist nicht in Ihrer Macht. – Mit dieser Zumutung werde ich Sie noch öfter konfrontieren, denn dieser zentrale Gedanke wird uns durch das ganze Buch begleiten.

Prüfen Sie sich, ob es Ihnen möglich ist, unter diesen Bedingungen, die nicht Ihren Idealvorstellungen von Vertiefung und Nähe entsprechen, eine dauerhafte Liebesbeziehung zu leben. Und handeln Sie entsprechend. Sagen Sie dann ja zu einer solchen Beziehung, und akzeptieren Sie die Bedürfnisse des Partners nach weniger Nähe und mehr Abwechslung. Natürlich ist es erlaubt und wichtig, den Partner wissen zu lassen, dass sein Verhalten und seine Bedürfnisse für Sie schwierig sind, dass Sie immer wieder an Ihre Grenzen kommen werden, dass es Sie immer wieder herausfordert.

Kommen Sie zu dem Ergebnis, dass Sie nicht mit solch einem Partner leben wollen, dann sagen Sie nein zu einer derartigen Beziehung, und beenden Sie sie, so schmerzhaft es für den Augenblick auch sein mag, weil Sie langfristig dafür nicht zur Verfügung stehen wollen und können.

Die Entscheidung liegt bei Ihnen. Das macht Ihr Verhalten zu diesen Menschen einfacher, weil der Ball eindeutig im eigenen Feld liegt. Sie entscheiden sich, ob Sie dem geliebten Menschen und Ihrer Liebe zugestehen, in höherer Distanz und mit größerem Wunsch nach Abwechslung zu leben, als Sie sich das ursprünglich gewünscht haben. Eine Beziehung mit solch einem Menschen ist nicht immer einfach, aber durchaus möglich und kann funktionieren, wenn Sie die Grenzen und Bedürfnisse Ihres Gegenübers anerkennen und konstruktiv mit ihnen umgehen.

Warnung:
Die weitere Lektüre dieses Buches könnte Ihre Beziehung retten!

Lassen Sie uns eine kurze Pause machen: Vor uns liegen noch ein anstrengender Marsch und einige hohe Gipfel. Ich wollte diese ersten Kapitel nutzen, um Ihren Blick auf Ihre Beziehung, auf die Liebe zu schärfen sowie auch ganz offen und ehrlich mit Ihnen zu sein und die Zumutungen und eventuellen Unmöglichkeiten nicht zu verschweigen. Viele Beziehungsratgeber erzählen immer nur davon, wie Partnerschaft gelingt, und verschweigen, dass es Konstellationen geben kann, bei denen Ihnen die besten Ratschläge nichts nutzen.

Wenn Sie daran festhalten, dass Sie oder Ihr Partner das Gefühl von Schmetterlingen im Bauch suchen und anhaltend haben wollen, dann ist eine langfristige Beziehung das falsche Format für Sie. Wenn Sie oder Ihr Partner einem der vier Persönlichkeitstypen in starker, stetiger und wiederholender Ausprägung entsprechen und Partnerschaft nur genutzt wird, um eigene Reifung, eigenes Wachstum zu vermeiden und die eigenen unreifen Bedürfnisse egoistisch zu befriedigen, hat die Beziehung kaum eine Chance. Wenn Sie und Ihr Partner ganz unterschiedliche biografische Ziele verfolgen beziehungsweise an ganz unterschiedlichen

Stationen stehen, kann das eine Partnerschaft langfristig so sehr belasten, dass eventuell der kurz- und mittelfristige Schmerz einer Trennung weniger schlimm ist als die Bitterkeit und das Gift, das nach Jahren in einer solchen Beziehung steckt. Wenn Sie oder Ihr Partner deutlich unterschiedliche Distanz- und Nähetypen sind, ganz klar unterschiedliche Vertiefer und Abwechsler, kann Partnerschaft sehr schwierig werden.

Trennung kann also eine Option sein. Das sollten Sie bei all dem, was wir über die Möglichkeiten einer gelingenden Partnerschaft besprechen, immer vor Augen haben. Primär möchte ich, dass es Ihnen gut geht. Auch wenn ich an langfristige Paarbeziehungen und das Wunder tiefer Liebe glaube, sollten Sie nicht jeden Preis für die Erhaltung einer Partnerschaft bezahlen. Es gibt keinen Grund, zutiefst dysfunktionale, krankmachende, giftige Beziehungen aufrechtzuerhalten. Es gibt auch keinen Grund, in lauen Beziehungen zu verharren, die einen Partner zutiefst von seinem Lebensglück abhalten. Ich glaube aber, dass viele unserer Paarprobleme hausgemachte Fehlleistungen sind, die man gemeinsam in eine bessere und gute Form führen kann. Davon handeln die folgenden Kapitel dieses Buches. Doch ich weiß auch, dass es Verbindungen gibt, die man besser nicht aufrechterhält, weil sie entweder beide Partner psychisch und physisch fertigmachen oder nur einen. Und Partnerschaft sollte genau das nicht tun. Partnerschaft sollte beide Menschen stärker, gelassener, optimistischer, froh und glücklich machen. Partnerschaft sollte ein Gewinn und kein Verlust an Lebensqualität sein.

Ich gehe im weiteren Verlauf des Buches davon aus, dass Sie irgendwann einmal in Ihren Partner verliebt waren, dass es in Ihrer Erinnerung gute gemeinsame, fröhliche, glückliche Zeiten gab, dass Sie Ihren Partner aktuell aber in diffusen Grautönen erleben, in den Mühen der Ebene, bei denen vielleicht der Alltag gut klappt, aber die Urlaube immer zu Katastrophen werden oder umgekehrt, es tagelang, wochenlang prima läuft und dann ein kleiner Streit eskaliert und hässlich wird. Ich gehe davon aus, dass vielleicht alles langweilig geworden ist und Sie sich fragen, ob es das schon gewesen sein soll. Ich gehe davon aus, dass Sie vielleicht gerade eine akute Krise haben, weil das Vertrauen in den Partner oder die Partnerschaft verschwunden ist, da es plötzlich einen anderen Menschen gibt, der Ihre Beziehung gefährdet. Ich gehe davon aus, dass vielleicht mittlerweile fast jedes Gespräch zum Streit eskaliert, weil Sie sich über Kleinigkeiten in die Haare bekommen und von vielen Dingen, die Sie mit Ihrem Partner erleben, genervt und enttäuscht sind. Ich gehe davon aus, dass Sie sich seit geraumer Zeit Veränderungen wünschen, diese aber nicht eintreten und Sie darüber frustriert sind – ich gehe also davon aus, dass Sie eine ganz normale Beziehung haben. Und dass Sie diese Beziehung eigentlich als fruchtbar und potenziell richtig und gut leben oder leben wollen und ganz stark oder auch nur noch ein kleines bisschen daran glauben, dass es diese Beziehung wert ist, sie zu retten, sie zu verbessern, sich zu engagieren, sich zu bemühen und Veränderungen zu initiieren. Außerdem gehe ich davon aus, dass Sie es vielleicht schon ahnen und bereit sind, sich darauf einzulassen, dass eine gelebte Liebesbeziehung Ihre Selbstverliebtheit gefährdet und Sie bereit sein müssen, viele Ihrer aktuellen Überzeugungen und Wünsche loszulassen. Denn ich weiß, was Sie vielleicht noch nicht wissen: Genau Ihre aktuellen Überzeugungen und Wünsche haben dazu geführt, dass Sie jetzt die Herausforderungen und Probleme haben, die Sie gerade beschäftigen.

Wenn Sie jetzt weiterlesen, sollten Sie zumindest zu einer der folgenden Aussagen *ja* sagen können, idealerweise aber zu fast allen:

Ich habe verstanden, dass Liebe etwas anderes als Verliebtsein ist, ich renne dem Gefühl von Verliebtheit nicht mehr hinterher und glaube trotzdem oder genau deshalb an die einzigartige und erfüllende Qualität einer langfristigen Beziehung.

Ich kann ausschließen, dass mein Partner einen der vier Persönlichkeitstypen in einer Ausprägung hat, die die Beziehung unmöglich macht.

Falls ich einem der vier Persönlichkeitstypen entspreche, verstehe ich, dass es an mir ist, eine Veränderung zu initiieren, und werde dies im Rahmen einer therapeutischen Begleitung tun.

Ich kann ausschließen, dass mein Partner lebensbiografisch ganz andere Ziele verfolgt und wir deshalb nicht zusammenpassen.

Auch wenn ich sehe, dass ich und mein Partner unterschiedliche Vertiefer und Abwechsler sind, unterschiedliche Nähe- und Distanztypen, sind diese Unterschiede nicht so kategorisch, dass sie unsere Beziehung grundlegend gefährden.

Ich will etwas über mich lernen.

Ich will etwas über meinen Partner lernen.

Ich will etwas über Partnerschaft und eine erfüllende langfristige Beziehung lernen.

Ich habe Herausforderungen in meiner Beziehung und glaube, dass diese Beziehung wertvoll und sinnvoll zu verbessern ist.

Ich bin bereit, offen, ehrlich, gelassen, ruhig, zuversichtlich und kommunikativ zu sein.

Ich bin bereit, mich dem Schmerz und unangenehmen Wahrheiten zu stellen.

Ich werde zuhören: mir, meinem Partner, der Partnerschaft, dem Buch, dem Leben.

Ich bin bereit, Wünsche und Vorstellungen loszulassen, auch wenn ich vielleicht aktuell noch nicht weiß, wie das gehen soll.

Ich bin bereit, neues Denken, neues Fühlen und neues Handeln in mein Leben und meine Partnerschaft zu integrieren.

Warum Liebe primär eine Entscheidung und kein Gefühl ist und dann das gute Gefühl von ganz allein kommt

Liebe ist, wie in den Anfangskapiteln schon erwähnt, ein vielschichtiges Gebilde jenseits von Verliebtheit. Vielen Menschen fehlt ein Bewusstsein von Liebe, da wir extrem auf das Gefühl von Verliebtheit geeicht und fixiert sind. Befinden wir uns im Stadium der Liebe, glauben viele von uns, wir seien im Stadium der Langeweile. Gerade die beiden leisen Botenstoffe Oxytocin und Serotonin, die maßgeblich das tiefe, lange Gefühl von anhaltender Liebe ausmachen, sind Stoffe, die in uns Sicherheit und Ruhe auslösen. In einer Gesellschaft, die den permanenten Reiz, das permanente Vergnügen, den permanenten Kick als Lebensqualität feiert, geht das Bewusstsein von Liebe gern im Geschrei von Adrenalin und der nächsten Sensation unter.

Verliebtheit ist eine WhatsApp-Nachricht. Liebe ist ein Roman. Verliebtsein sind Eiswürfel und heißes Öl auf Ihrer Haut. Liebe ist eine Daunenfeder, die Ihren gesamten Körper streichelt. Verliebtsein ist die Illusion, den perfekten und allseits richtigen Partner gefunden zu haben, denjenigen, der alles so sieht wie Sie. Liebe weiß hingegen, dass es auch einmal schwieriger werden wird miteinander. Während wir im Verliebtsein spontanen Irrsinn initiieren, handeln wir in der Liebe aus der Ruhe und Gewissheit heraus, auf dem richtigen, langen Weg zu sein. Verliebtsein ist die Blindheit vor den Unterschieden. Liebe ist der Blick auf die Unterschiede, die Anerkennung der Differenzen. Verliebtsein ist das permanente Gequassel. Liebe ist das Schweigen und die Zufriedenheit.

Liebe ist Ankunft. Liebe ist ein sicherer Hafen. Liebe ist ein langer, ruhiger Fluss. Liebe ist Unterstützung. Liebe ist Hingabe. Liebe ist Verbundenheit. Liebe ist Offenheit. Liebe ist hilfreiche, supportive Aktion, und Liebe ist gelassene und positive Reaktion.

Was Liebe nicht ist: ein Kampf, eine Achterbahnfahrt, Schmerz, Wahnsinn, Leid, Sehnsucht. Eifersucht. – Verwechseln Sie den Schmerz, die Eifersucht, das Drama nicht mit Liebe. Schmerz ist Schmerz, Eifersucht ist Eifersucht, Drama ist Drama und nicht Ausdruck der Größe meiner Liebe. Liebe funktioniert ganz ohne Drama, Schmerz und Eifersucht.

Liebe ist eine Entscheidung, die der Verliebtheit folgt. Liebe ist das Trotzdem, das der Verliebtheit folgt. Liebe ist die Entscheidung, zu bleiben, zu sein, in liebevoller Art den Umgang mit dem Partner zu organisieren, liebevoll und verständnisvoll zu handeln, wenn der andere Hilfe braucht, oder liebevoll und verständnisvoll zu handeln, wenn der Partner gerade nicht liebevoll und verständnisvoll agiert. Liebe ist immer der Blick für das Große. Liebe ist Verzicht, um etwas Größeres zu gewinnen, etwas, was ich nur durch die Liebe und den Verzicht erreichen kann. Liebe ist die Sicherheit, das Richtige zu tun für die Partnerschaft, für das gemeinsame soziale System, für die Familie, auch wenn ich eigentlich gerade etwas anderes tun möchte, denn Liebe ist altruistisch eine Du-Liebe, die die Wir-Verwirklichung anstrebt, während egoistische Ich-Verwirklichung nur Selbst-Liebe ist und in einer liebevollen Partnerschaft keinen Platz hat.

Solange ich in einer Paarbeziehung nach maximaler Ich- beziehungsweise Selbstverwirklichung und maximaler Befriedigung meiner Bedürfnisse suche, werde ich in einer Partnerschaft auch genau nur die Potenziale für die Ich-Verwirklichung und die Potenziale für die Befriedigung meiner Bedürfnisse finden.

Nur wenn ich loslasse und mich einer größeren Idee verpflichte, werde ich in und durch die Liebe etwas finden, von dem ich vorher gar nicht wusste, dass es existiert, und ich es deshalb auch gar nicht ansteuern konnte. Wahre Liebe ist deshalb in ihrer Motivation selbst- und ziellos und führt doch an das Ziel und die Erfüllung all meiner Sehnsüchte.

Diese Liebe kann ich in einer Partnerschaft leben, in einer Familie, in meiner Herkunftsfamilie, in Freundschaften oder in anderen sozialen Zusammenhängen, die ich wähle. Liebe ist kein Investment, sondern ein Geben und Schenken, ohne etwas zu erwarten, ohne das Versprechen einer Rückzahlung. Liebe ist, meinen Partner darin zu unterstützen, sein Selbst zu verwirklichen, sogar wenn ich dann im Leben meines Partners nicht mehr vorkomme. Liebe ist nicht das zwanghafte Aufrechterhalten einer Paarbeziehung oder einer Familie. Liebe ist die Fähigkeit zu begreifen, dass etwas anderes als meine eigenen Wünsche und Bedürfnisse gerade wichtiger ist. Liebe ist der Mut, loszulassen und meinen spontanen Wünschen und Affekten gerade nicht zu folgen. Liebe ist die Fähigkeit, ein Paar- oder Familiensystem in den Frieden und die Harmonie hinein zu regulieren, durch Aktion, durch eigene Verhaltensänderung, selbst wenn dieses Verhalten nicht meinen eigenen Bedürfnissen entspricht – und egal, wie sich mein Gegenüber gerade verhält. Liebe ist Selbstlosigkeit, um in dieser Selbstlosigkeit zu erfahren, wie gut es sich anfühlt, über sich selbst hinauszudenken, hinauszufühlen und hinauszuhandeln. Liebe ist Hinwendung. Liebe ist Dauer, und Dauer ist eine Qualität, die nur durch die Erfahrung von Dauer erfahrbar ist. Dauer ist nicht erzählbar und in drei Minuten nicht reproduzierbar. Um die Qualität einer zwanzigjährigen Beziehung zu erfahren, müssen Sie eine zwanzigjährige Beziehung leben.

Wer kann lieben? Jeder. Aber nicht jeder will lieben. Wir müssen auch akzeptieren, auf Menschen zu treffen, die nicht lieben wollen. Und wir tun gut daran, uns dann von diesen Menschen fernzuhalten, wenn wir selbst in und mit Liebe leben wollen.

Warum erwähne ich all das? Damit Sie ein Bewusstsein für den Unterschied bekommen, damit Sie ein Gefühl für die Liebe bekommen und die Liebe wertschätzen können. Damit Sie nicht mehr denken: »Ach, ist das langweilig«, sondern: »Ach, das ist Liebe.« Damit Sie nicht dem illusionären Wunsch nach einer permanenten Verliebtheit hinterherrennen, sich die Schmetterlinge im Bauch zurückwünschen, sondern Ihre Liebe feiern. Verliebtheit passiert, Liebe muss man zulassen wollen. Verliebtheit ist eine absolute Emotion. Liebe ist eine relative Emotion, die verschwinden und wiederauftauchen kann, das hängt von Ihrer Entscheidung ab, Ihre Beziehungsdynamik zu verändern und für das Erleben von Liebe zu regulieren. Liebe ist eine Entscheidung, sich der Ruhe und Gelassenheit einer festen und sicheren Beziehung anzuvertrauen. Eine Entscheidung, nicht jeden Tag großes Kino zu erwarten. Eine Entscheidung, die Ambivalenzen einer Partnerschaft zu spüren und dabei gelassen und glücklich zu bleiben. Eine Entscheidung, sensibel zu sein und die leisen Botenstoffe Serotonin und Oxytocin wahrzunehmen. Ein Gefühl, ein Verständnis für das Wirken dieser Botenstoffe zu bekommen und nicht mehr dem Geschrei, den Sirenen des Adrenalins hinterherzuträumen und -zurennen. Und deshalb ist Liebe in erster Linie eine Entscheidung und weniger ein Gefühl.

Und das gute Gefühl kommt dann automatisch, weil eine Entscheidung für die Liebe eine Entscheidung für das Wir ist. Unsere inneren Systeme belohnen Altruismus, Selbstlosigkeit, Engagement, Verlässlichkeit wiederum mit der Ausschüttung der leisen Botenstoffe Oxytocin und Serotonin; und die Erhabenheit, zu geben und zu schenken, wird Sie in Dopamin schwimmen lassen.

Und – um Sie an mein Verständnis von Freiheit zu erinnern – diese Entscheidung für die Liebe ist Ausdruck Ihrer inneren Freiheit. Ich lasse mich nicht von vordergründigen Bedürfnissen leiten, ich lasse mich nicht von vermeintlicher Langeweile und Routine abschrecken, ich tappe nicht in die Fallen, die mir das Adrenalin stellen will, ich glaube nicht den zirkulierenden Gedanken, dass es doch noch etwas anderes geben muss da draußen, ich glaube nicht den äußeren Bildern, die mir suggerieren, das Leben sei eine einzige Abfolge von Vergnügungen, Abenteuern, sexueller Leidenschaften und Überraschungen, sondern ich weiß und erlebe: Partnerschaft ist etwas anderes, etwas sehr Wertvolles; und ich entscheide mich dafür, diese Partnerschaft in die höchstmögliche Erfüllung, Tiefe und Freude zu führen. Obwohl ich weiß, dass Partnerschaft auch bedeutet, Langeweile auszuhalten, Streit zu haben, den Müll runterzutragen, die Toilette zu putzen, genervt zu sein. Meine Freiheit besteht darin, den anderen Signalen nicht wie ein Roboter zu folgen, sie nicht ernst zu nehmen, sondern sie als Irrlichter, Illusionen und Fehlinformationen einzuordnen, die mir möglicherweise kurzfristiges Vergnügen, aber langfristig Einsamkeit, Leere und Unzufriedenheit bescheren. Ich entscheide mich, ja zu sagen zur Liebe, zu den Mühen der Ebene, um etwas zu erleben und zu spüren, was größer als ich ist. Etwas, womit ich einer auf Egomanie konditionierten Verwertungsgesellschaft auch zeige: »Bis hierhin und nicht weiter. Weil es etwas gibt, was jenseits eurer Konsumlogik liegt, jenseits von Kapitalisierbarkeit und diesseits meiner tiefen Menschlichkeit und damit wertvoller als alles, was ihr mir verkaufen wollt.«

Was bedeuten diese Überlegungen für die tägliche Praxis der Liebe? So wie wir uns für die Liebe entscheiden, entscheiden wir uns auch für unser Verhalten in der Liebe. Denn – so ungern Sie das auch hören möchten:

1. Unser Verhalten bestimmt die Qualität unserer Liebesbeziehung, nicht unsere Gefühle und Gedanken, und
2. wir müssen nicht alles glauben, was wir denken oder fühlen.

Verhalten und Verhaltensänderungen sind die primären Ursachen für veränderte Stimmungen, Liebesgefühle und Gedanken der Zuneigung und nicht das Resultat. Wenn Sie also an einer Verbesserung Ihrer Beziehung interessiert sind, sollten Sie sofort und in erster Linie Ihr Verhalten ändern und Ihre aktuellen negativen Gedanken und Gefühle erst einmal ignorieren. Wir denken und handeln aber genau umgekehrt: »Solange ich keine Zuneigung und Liebe fühle, kann ich auch nicht zugeneigt und liebevoll handeln«, denkt unser Verstand. Oder wir sagen: »Ich kann erst wieder etwas mit dir unternehmen/mit dir schlafen, wenn ich dich wieder liebe.« Das ist allerdings falsch und führt nur zu weiterem schlechtem und schädlichem Beziehungsverhalten. Befreien Sie sich vom Korsett Ihrer Gedanken und Gefühle, und entscheiden Sie sich für die Freiheit des Handelns: »Auch wenn ich gerade sauer auf dich bin, kann ich mich doch dir gegenüber unterstützend verhalten«, »Auch wenn ich unsere Beziehung gerade langweilig finde, kann ich dir doch etwas Gutes tun«, »Auch wenn ich gerade nicht weiß, wohin uns das alles führt, kann ich doch an deiner Seite sein und dich trösten«, »Da ich mich entschieden habe, dich zu lieben, kann ich auch etwas mit dir unternehmen, selbst wenn mir das gerade seltsam vorkommt. Aber so sind die Gefühle und Gedanken, sie kommen und gehen. Doch meine Entscheidung, dich zu lieben, ist von Dauer« …

Wenn wir uns also in einer Paarbeziehung primär auf unser Verhalten konzentrieren und nicht mehr auf unsere Gefühle und Gedanken, bedeutet dies für Herausforderungen und Krisen, dass wir von jetzt an eine echte Hinwendung statt eine Abwendung aktivieren. Problemen begegnen wir gern mit Abwendung. Abwendung ist aber keine liebevolle, sondern eine egoistische Handlung. Ein Verhalten aus Liebe ist immer die Zuwendung, Hinwendung zu meinem Partner, zu den Problemen. Wenden Sie sich nicht ab, wenn es nervt oder ärgert, wenden Sie sich verständnisvoll hin und zu, genau dorthin, wo es aktuell nervt oder ärgert. Nur da können Erlösung und Heilung und Verbesserung und Veränderung stattfinden. Das ist Liebe.

Wir müssen also konsequent eine falsche Kausalität aufbrechen: Warten Sie nicht auf das Gefühl von Liebe, bevor Sie sich bereit fühlen, etwas Liebevolles zu tun, sondern tun Sie einfach etwas Liebevolles, egal, wie Ihre Gedanken und Gefühle gerade sind. Und erleben Sie dann in der Folge dieser liebevollen Handlungen auch das Gefühl von Liebe, da Sie durch Ihr liebevolles Handeln die Dynamik Ihrer Beziehung verändern und sich dadurch Ihre Partnerschaft und Ihr Partner verändert. Warten Sie nicht darauf, dass sich Ihre Partnerschaft und Ihr Partner zuerst verändern, starten Sie jetzt die Veränderung durch liebevolles Handeln. Denn das, wofür wir uns entschieden haben, können wir auch gestalten. Und Gestaltung geschieht durch Handlungen, nicht durch Wünschen, Denken oder Fühlen. Und wenn Ihnen Ihre liebevolle, supportive Handlung gerade keinen Spaß macht, dann machen Sie sie eben ohne Spaß, aber aus Liebe. Und erleben Sie das Wunder dessen, was dadurch an Veränderung passiert.

Was Partnerschaft ist:
Leidenschaft, Gemeinschaft und Freundschaft
oder Die drei Aggregatzustände einer
gelingenden Beziehung

Der Beginn einer Beziehung in unserem Kulturkreis ist seit einigen Jahrzehnten primär von Verliebtheit geprägt. Wir begegnen einander, nehmen uns in Augenschein, beschnuppern uns, hören einander zu, berühren uns, schmecken uns, und die Verliebtheit nimmt von uns Besitz.

Wir sind offen, verspielt, neckisch, kreativ, energetisch, ungezwungen, neugierig, fröhlich, spontan, witzig, im Augenblick, im Flow, im Hier und Jetzt und so fort. Wir fahren Cabriolet, sind übermütig, verreisen spontan übers Wochenende, erleben Abenteuer, trinken Champagner, schlafen miteinander, wir reden aber auch permanent miteinander, sind im Quasselmodus, wollen uns alles mitteilen. Wir folgen unseren Instinkten, leben aus dem Bauch heraus, und unsere Sehnsucht ist die permanente Verschmelzung mit dem Partner oder dem Augenblick. Der Aggregatzustand unserer Beziehung ist die Leidenschaft, verstanden als positive, spielerische, engagierte, offene Hingabe und das Erleben von Fülle, Glück und Zufriedenheit im gegenwärtigen Augenblick.

Nach einigen Wochen, einigen Tagen stellt sich dann die Frage: Sind wir nun ein Paar? Wenn beide dies bejahen, begibt sich das Paar in einen anderen Aggregatzustand: Die beiden agieren mittelfristig verantwortlicher, analytischer, vernünftiger, kompromissbereiter. Ist die Beziehung anfänglich eine Bauchsache, wird sie jetzt eine Kopfsache. Das Prinzip Verschmelzung wird ergänzt durch das Prinzip Verhandlung. Nachdenken, nachfragen, hinterfragen, Gespräche, Verhandlungen, Regeln finden, Vereinbarungen fixieren und deren Einhaltungen stehen jetzt im Vordergrund des gemeinsamen Erlebens. In diesem Stadium werden gemeinsame Wohnungen angemietet, geheiratet, die Finanzen zusammengeworfen, Urlaube und ganze Jahre geplant, die Wochenenden durchgetaktet. Es kommt zu den ersten Nächten ohne Sex, und ein Satz wie »Lass uns nach Hause fahren, ich muss morgen früh raus« geht uns erstmals über die Lippen. Während der Anbeginn einer Liebesbeziehung spontan, irre, durchgedreht, schlaflos, verrückt war, wird nun das Fundament einer Beziehung der denkende, vernünftige, kompromissfähige Kopf und Verstand, der auch mal auf seine Autarkie oder auf sein Gerechtigkeitsverständnis pocht. Die Organisation der täglichen Gemeinschaft rückt ins Zentrum des Miteinanders, nicht die Organisation von außerordentlichem Erleben wie zuvor im Zustand der reinen Leidenschaft. Die spielerische Liebe tritt mindestens einen Schritt zurück, und die Hauptrolle wird von der pragmatischen, organisatorischen Liebe übernommen. Fühlen und Erleben werden ersetzt durch Denken und Planen.

Paare, die diesen Wechsel vom Zustand der Leidenschaft in den Zustand der Gemeinschaft nicht hinbekommen, trennen sich meist sehr schnell wieder. In meiner Praxis begegnen mir dann Klienten, die sich und mich fragen, warum sie sich so sehr in ihrem Ex-Partner haben täuschen können, wo er doch anfänglich so ein zugänglicher, kurzweiliger, gesprächiger, vergnüglicher und offener

Charakter war, und gar nicht verstehen, wie der gleiche Mensch völlig desinteressiert an gemeinsamer Aufgabenteilung, gemeinsamen Verantwortlichkeiten et cetera sei. Meine Antwort ist dann immer die gleiche und sehr kurz: »Weil Sie dem Menschen in zwei verschiedenen Aggregatzuständen von Partnerschaft begegnet sind – und die Tatsache, dass Ihre neue Eroberung ein guter Liebhaber und toller Witzeerzähler ist, sagt leider nichts über seine Qualitäten als Mülltrenner oder Schwiegerelternbesucher aus. So, wie viele Menschen nur ein Talent und eine Lust auf Verliebtheit haben und für die Liebe nicht taugen, gibt es auch Menschen, die nur in einem Aggregatzustand von Partnerschaft agieren können und völlig talentfrei und interesselos für die beiden anderen Dimensionen sind.«

Haben beide Partner hingegen ein natürliches Talent und/oder einen klaren Blick für die Notwendigkeiten einer gelingenden langfristigen Partnerschaft, dann schafft es das Paar, aus der Phase der Leidenschaft eine stetige spielerische Liebe zu erhalten, die den eher pragmatischen Paaralltag der Gemeinschaft anhaltend begleitet, erfreut und kurzweilig macht. Das Paar agiert dann zwar von nun an primär im Zustand der pragmatischen Liebe, ist aber klug und talentiert genug, um weiterhin Raum für die spielerische Liebe zu lassen.

Die meisten Paare jedoch fahren relativ planlos Fahrstuhl zwischen diesen beiden Aggregatzuständen beziehungsweise versuchen, über wilde Wechsel der beiden Zustände ihre Partnerschaft zu regulieren. Das heißt, Paare versuchen, Herausforderungen, Tagesaufgaben, Arbeitsteilungen, Verantwortlichkeiten, Finanzen, Kinderbetreuungen, gemeinsame Mahlzeiten, Urlaube, Immobilienkäufe, Wochenplanungen auf der Kopf- beziehungsweise Verstandesebene, aber auch eine Familiengründung oder die Organisation einer Heirat vernünftig, kompromissfähig als Gemeinschaft, als pragmatische Liebe zu organisieren, zu verhandeln, voranzubringen und zu einem guten Ergebnis zu führen. Und Sie versuchen immer wieder, für einen Abend, eine Stunde, ein Wochenende, im Urlaub die spielerischen Elemente ihrer Liebe wachzuhalten, sie initiieren Spontanität und Freude, um den Zustand der Leidenschaft zu erleben und den Moment, die gemeinsame Gegenwart zu genießen.

Oftmals aber misslingt dieses Fahrstuhlspiel, und ein Paar verankert sich zu sehr im Gemeinschaftsmodus, oder ein Paar findet aus der Leidenschaft und der spielerischen Unkonzentriertheit nicht heraus, was aber notwendig wäre, um den Paaralltag halbwegs seriös und beruhigend organisiert zu bekommen. Viele Paare kommen dann in meine Beratung und wünschen sich zum Beispiel mehr Ernsthaftigkeit, Verlässlichkeit, Planbarkeit von ihrem Partner. Ein Partner verharrt ihrer Meinung nach zu sehr im spontanen, leidenschaftlichen Zustand dessen, was den Anbeginn der Beziehung ausgemacht hat, und will sich bezüglich der Familienplanung, des Umzugs, der Heirat, der Mülltrennung oder der Einkäufe nicht ernstlich genug engagieren. Verankert sich ein Paar zu stark auf der Vernunfts- und Kopfebene des gemeinschaftlichen Miteinanders, glaubt das Paar, einen wesentlichen Teil seiner Beziehungsqualität eingebüßt zu haben (der ja erst die gegenseitige Verliebtheit ausgelöst hat und deshalb der Grund für alles Weitere und wichtig und schön war). Solche Paare klagen zum Beispiel über den Umstand, nur noch wie Brüderchen und Schwesterchen zusammenzuleben, und wünschen sich von meiner Beratung wieder mehr Freude, mehr Abwechslung, mehr Ungezwungenheit, mehr Lachen, mehr Sexualität in ihrer Beziehung.

Wie schon erwähnt, sind viele Paare echte Weltmeister im Organisieren und im Alltag, andere Großmeister des kurzweiligen Erlebens und der Freude, gehen gemeinsamen Hobbys nach, initiieren vergnügliche Paarzeiten und so fort. Wieder andere schaffen es ganz hervorragend, zwischen den beiden Zuständen von pragmatischer und spielerischer Liebe, also zwischen Gemeinschaft und Leidenschaft, hin- und herzupendeln; und von außen betrachtet sieht ein solches Paar wie ein absolutes Glücksspaar aus. Aber: All diese Paare fokussieren sich dabei auf eine selbstgewählte Zweidimensionalität ihrer Beziehung, die an sich schon eine Fehlkonstruktion ihrer Partnerschaft ist. Denn selbst eine Partnerschaft, die auf Kopf- und Bauchebene, auf Verhandlungs- und Verschmelzungsebene, auf Ernsthaftigkeits- und Humorebene, auf Sicherheits- und Spontanitätsebene, auf Verlässlichkeits- und Verspieltheitsebene, auf Leidenschafts- und Gemeinschaftsebene sehr gut funktioniert, verpasst die wesentliche und essenzielle Ebene des Paarseins. Nämlich die Ebene, die fast unsichtbar über das Gelingen oder Misslingen einer Partnerschaft, über die Fähigkeit, eine Herausforderung zu meistern, entscheidet: die Ebene der Freundschaft.

Die dritte Dimension oder der dritte Aggregatzustand einer Paarbeziehung ist die Freundschaftsebene, die Herzens- und Weisheitsebene. Freundschaft in diesem Sinne bedeutet nicht: Wir ziehen gemeinsam um die Häuser, durch die Clubs, machen gemeinsam Sport, machen gemeinsam Abenteuerurlaube, oder wir verstehen uns gut, können über die gleichen Dinge lachen, erzählen uns lustige Geschichten. Das sind Aspekte, die in dem erläuterten Modell auf der Ebene der spielerischen Liebe, der Ebene der Leidenschaft zu subsumieren sind und dort auch hingehören. In der Freundschaftsdimension, wie ich sie hier einführe, agieren wir vielmehr aus Güte, Weisheit, Mitgefühl und unterstützender Zuneigung zu- und miteinander. Wir haben das Wohl des anderen im Blick unseres Handelns. Wir agieren aus Nächstenliebe zu unserem Partner, aus der Perspektive der fördernden Du-Liebe. Wir sind fürsorglich, kümmernd, unterstützend, beschützend, loyal, selbstlos, groß und stark, wir bieten eine breite Schulter, schenken Zeit, Vertrauen, Liebe, Unterstützung, wir hören zu, trösten, urteilen nicht. Wir schenken im altmodischen Sinne dem Menschen, mit dem wir in einer Liebesbeziehung stehen, unsere Zeit, unsere Gegenwart, unsere Freundschaft, unsere Aufmerksamkeit, unsere Unterstützung. Egal, ob wir der Meinung sind, dass die Probleme und Herausforderungen meines Partners unerheblich, übertrieben, selbstgemacht, unlösbar oder sonst was sind. Wir geben unserem Partner den Raum, den er sich wünscht, um sich gehört, um sich angenommen und gesehen zu fühlen. Nicht den Raum, um unsere Meinung oder unsere Lösung zu präsentieren. Das hört sich aufs Erste nicht sonderlich originell oder besonders an. Ich kann Ihnen aber aus meiner Praxis sagen: Diese Dimension von Partnerschaft vergessen die meisten Paare, haben sie nicht auf dem Schirm oder haben gar kein Gefühl für die Möglichkeiten auf dieser Ebene, in dieser dritten Dimension von Partnerschaft regulierend miteinander zu agieren. Das ist die freundschaftliche, selbstlose, gebende Liebe, die aus der Weisheit des Herzens kommt und die keine Gründe der Vernunft kennt, da diese im aktuellen Moment unerheblich sind.

Paartherapeutische Intervention war über lange Zeit darauf angelegt, die Partner zu einer vermeintlichen gemeinsamen Vernunft zu führen. Ein gemeinsames Ziel zu definieren, das da hieß: Lasst uns im Garten der Vernunft treffen, und dort könnt ihr mithilfe eines Therapeuten einen Mittelweg, einen Kompromiss, ein besseres Verständnis, eine Übersetzungshilfe für die Herausforderungen der Partnerschaft, für die Wünsche, das Agieren und die Sprache des Partners finden. Das sind in den von mir hier beschriebenen drei Aggregatzuständen von Partnerschaft aber alles nur Lösungsversuche auf der Ebene der Gemeinschaft, auf der Kopfebene, wo kognitive Regeln gelten, wo man verhandeln kann. Und ich sage Ihnen hier genau das Gegenteil: Eine liebevolle Partnerschaft entsteht nicht durch den Kompromiss, nicht durch Vernunft, sondern durch Engagement, liebevolles, selbstloses Handeln, Überwindung der eigenen Bedürfnisse, durch freundschaftliches, supportives Handeln. Das gilt auch und besonders für die Bereiche des täglichen Miteinanders, die eigentlich verhandelbar, analysierbar, vermittelbar sind. Und diese Lösungen entstehen eben nicht – wie die meisten Paare glauben – auf der Ebene der Gemeinschaft, sondern auf der Ebene der Freundschaft und der Überwindung des Egos.

Hinzu kommt, dass es einfach sehr viele Arenen einer Partnerschaft gibt, in denen es nie um Vernunft, Vereinbarungen, Kompromisse gehen kann, nämlich der gesamte Bereich der Leidenschaft, in dem Verspieltheit, Hingabe, Verschmelzung im Vordergrund stehen, und eben der Bereich der Freundschaft. Und diese beiden Bereiche wirken oft unbewusst sehr intensiv in den Paaralltag ein. Sie können nicht dreimal Müllrunterbringen mit einmal intimem Sex gegenrechnen oder verhandeln. Gemeinschafts- oder Verhandlungsthemen sind immer nur mit Gemeinschafts- oder Verhandlungsthemen aufzurechnen. Leidenschafts-, Hingabe- und Verspieltheitsthemen sind hingegen nie verhandelbar, aufzurechnen oder einem höheren Verständnis oder einer höheren Logik zuzuführen. Sie sind auch nicht mit anderen Leidenschafts- und Hingabethemen verrechenbar. Gleiches gilt für die Freundschaftsthemen.

Was ich Ihnen hier dringlich vor Augen führen möchte: Eine funktionierende Paarbeziehung bedingt eine tiefe unterstützende Freundschaft zwischen zwei Menschen. Es genügt nicht, wenn Sie Ihre Kinder gut miteinander großziehen, zu Politik und Weltgeschehen gleicher Meinung sind oder die Verantwortlichkeit für das Rasenmähen und den Getränkeeinkauf geklärt ist; es genügt auch nicht, wenn Sie nach vielen Jahren weiterhin den gleichen

Humor haben und gemeinsam rumalbern, einander körperlich zugewandt sind und eine gemeinsame erfüllende Sexualität erleben. Eine langjährige erfüllende Partnerschaft kann nur Bestand haben, wenn Sie auch miteinander befreundet sind. Wenn Sie einander aus tiefem Herzen mögen und jeder dem anderen nur das Beste wünscht, ihn ertragen möchten in seinen Unzulänglichkeiten, ihn unterstützen möchten in seinen Wünschen, ihn trösten möchten in seiner Trauer, ihn umarmen möchten in seinen Ängsten, in seiner Not. Aus dem Geist wahrer Freundschaft, wie ich sie meine, spricht zum Beispiel Prinz William, wenn er davon erzählt, warum der Hochzeit im Jahr 2011 eine neunjährige Partnerschaft mit Catherine Middleton ohne Eheschließung vorausging: »Ich wollte sichergehen, dass Catherine die Chance erhält zu sehen, wie das Leben in meiner Familie aussieht. Sie sollte hineinschauen und die Hände davonlassen können, falls sie das für nötig gehalten hätte – jedenfalls ehe alles zu viel für sie werden würde.«

Der Leitgedanke von Freundschaft in einer Paarbeziehung muss immer sein: »Ich möchte und werde dich anhaltend und verlässlich darin unterstützen, der zu sein, der du gern sein oder werden möchtest.« Auch wenn das in Konsequenz bedeuten kann, dass Sie dann eine andere Rolle im Leben des geliebten Menschen spielen werden, vielleicht auch eine Rolle, von der Sie aktuell noch nichts wissen. Nur dann findet eine wahre Partnerschaft statt, die Bestand haben kann. Und nur dann haben Sie die Freiheit, miteinander als Paar zu leben und sich zum Beispiel darauf zu einigen, dass Sie keinen Sex miteinander haben, oder sich darauf zu verständigen, dass Sie in getrennten Wohnungen leben, oder dem Partner zugestehen, sich nicht an den alltäglichen Aufgaben des Haushalts und der Organisation zu beteiligen. Das Gelingen solcher partnerschaftlichen Vereinbarungen funktioniert nur, wenn Sie tief miteinander befreundet sind und sich wirklich mögen und Ihr Miteinander nicht von Egoismus, Neid, Missgunst und dem Gefühl von Zurücksetzung, Unzulänglichkeit oder Ungerechtigkeit geprägt ist, sondern von Empathie und Unterstützung. Denn nur dann können solche Vereinbarungen, die auf den ersten Blick für Außenstehende nicht sonderlich partnerschaftlich wirken, auch langfristig greifen und nicht der Quell strukturellen Unglücks sein, wie es meist der Fall ist, weil solche Vereinbarungen nicht aus dem Geist der Freundschaft, sondern aus dem Geist von Egoismus, Feindschaft und Verweigerung getroffen werden. Und diese unterschiedliche Motivation macht den wesentlichen Unterschied, auch wenn die Paarwirklichkeit, von außen betrachtet, erst einmal gleich aussieht. Eine Einigung in Freundschaft wird Bestand haben, eine Einigung, die nur Produkt eines Kompromisses oder der Verweigerung ohne innere Wandlung und Zuneigung ist, wird Ihnen nach einer bestimmten Halbwertzeit um die Ohren fliegen und Ihre Partnerschaft in Scherben hauen.

Warum tun wir uns so schwer mit dem Prinzip selbstloser und supportiver Freundschaft in unseren Liebesbeziehungen? Weil wir kaum Übung darin haben, weil es kaum einen gesellschaftlichen Diskurs darüber und kaum Vorbilder gibt. Die meisten Paare suchen heutzutage eine Beziehung auf Augenhöhe. Wir wünschen uns, dass unser Partner mehr oder weniger ebenso klug, mehr oder weniger ebenso schön, mehr oder weniger ebenso erfolgreich wie wir ist, wir aus ähnlichen Milieus oder aus Milieus stammen, die kompatibel sind. Da spielt es dann konkret keine Rolle, ob der eine Partner mehr Geld verdient, einen Karriereschritt weiter ist, ob der eine einen Hochschulabschluss hat und der andere nicht oder ob der eine Partner beruflich über ein paar Jahre der Kinder wegen etwas zurücksteckt. Wesentlich ist, dass wir meist in Partnerschaften leben wollen, in denen eigenständige und zusammenpassende Menschen ihre Potenziale im Außen nutzen und der Großteil der Zeit als Paar auf der Ebene der Gemeinschaft verbringen und so ihre Partnerschaft organisieren. Da man sich darüber hinaus in der

Phase der Verliebtheit über die spielerische Liebe, die Leidenschaft, kennengelernt hat, spielt auch dieser Aspekt weiterhin eine Rolle. Im Fokus von Paarzufriedenheit oder Paarunzufriedenheit stehen entsprechend meist ausschließlich gelebter Alltag und gelebtes Vergnügen und der Gedanke von größtmöglicher Selbstverwirklichung: Ist der Partner an meiner Seite derjenige, mit dem ich maximal meine Bedürfnisse, meine Lebenspläne und meine Selbstverwirklichung voranbringen kann?

Herausfordernd und überfordernd für viele Paare wird es deshalb, wenn einer der Partner in Not, Krankheit, Sorge, Versehrtheit, Ängste verfällt, die durch Jobverlust, Krankheit, Todesfälle, Schicksalsschläge, Zufälle, Grübelzwänge, Melancholie, Fehlentscheidungen, Missinterpretationen, allgemeine äußerliche Unzufriedenheit ausgelöst werden. Denn eigentlich ist das in unserer modernen Gesellschaft nicht vorgesehen. Scheitern, Not, Versagen sind nicht sexy. Ängste, Sorgen, Krankheiten haben nichts Liebenswertes. Niemand verliebt sich in Krankheit, Arbeitslosigkeit, Krisen, Ängste und Sorgen. Und doch sind sie da.

Ganz schlecht ist es, wenn sich Ihr Partner oder Sie sich verdrücken, sobald es auf dieser Ebene ernst wird. Das ist in langfristigen Partnerschaften gar nicht so selten, wie Sie vielleicht meinen. Ich habe Paare in meiner Praxis kennengelernt, bei denen sich ein Partner zehn Jahr lang geweigert hat, seinen Partner bei kleineren oder größeren Eingriffen im Krankenhaus zu besuchen. Oder etwas harmloser: auf berufliche Empfänge zu begleiten mit dem Argument, er habe keine Lust auf so etwas, obwohl ihn sein Partner inständig bat, an seiner Seite zu sein. Ich habe Paare in meiner Praxis kennengelernt, die nur füreinander da waren, wenn der andere gut drauf war. Ich habe Paare kennengelernt, wo der von der Not des anderen überforderte Partner sein Gegenüber immer nur beschimpft oder des Versagens bezichtigt hat, wenn dieser unverschuldet zum Beispiel in die Arbeitslosigkeit oder andere schwierige Situationen geraten war. Oder Paare, wo der eine den anderen zwei Jahrzehnte kalt mit der Bemerkung »Selbst schuld. Deine Probleme sind deine Probleme und nicht meine. Du hättest halt etwas Vernünftiges studieren sollen« oder »Jeder ist seines eigenen Glückes Schmied« abblitzen ließ. Ich kenne viele Paare, die sich über Jahrzehnte nicht freundschaftlich und unterstützend begegnet sind, weil beide jeweils mit der Intimität von Not, Ängsten, Sorgen überfordert waren und lieber die Augen voreinander verschlossen haben, als sich gegenseitig zu helfen.

Aber auch der Partner, der helfen will, macht dies meist unbeholfen und falsch. Er greift schnell zu den Werkzeugen aus den Aggregatzuständen Gemeinschaft und Leidenschaft. Er objektiviert das Problem, er bastelt Excel-Tabellen, er gibt sich zuversichtlich, er appelliert an ein Trotzdem oder an eine Emotionskontrolle, sammelt Stellenanzeigen, bietet Geld oder Kontakte, oder er erzählt Witze, macht Geschenke, ignoriert die Herausforderung beziehungsweise die Gefühlslage des Partners zu dieser Herausforderung, initiiert gemeinsames Vergnügen; und das Paar erlebt oftmals zu seiner eigenen Überraschung statt einer positiven Veränderung eine Vertiefung der Krise oder statt einer Krise des einen Partners plötzlich eine Krise als Paar. Auch wenn die Hilfeversuche des Partners wohlintendiert sind: Sie nutzen nicht, und das Paar verharrt in der Krise oder vertieft sie sogar.

Wie kann das passieren? Weil wir dazu neigen, die Ebene der Freundschaft gar nicht zu kennen und schon gar nicht zu nutzen, weil sie uns auch ein bisschen unerwachsen und peinlich vorkommt, da sie unser Bild einer Partnerschaft auf Augenhöhe beschädigt. Weil wir dazu neigen, die Ebene der Gemeinschaft mit der Ebene der Freundschaft zu verwechseln. Weil wir mit Argumenten, Vernunft und dem Kopf etwas lösen wollen, was in einem ersten Schritt noch gar nicht gelöst werden will. Weil ein Mensch, der klein, hilflos, ängstlich, in Sorge, verzweifelt ist, keine vernünftige, analytische, kognitive Hilfe braucht, zumindest nicht als Erstreaktion. Da wir uns aber meist als erwachsenes Paar verstehen, das sich auf Augenhöhe und vernünftig begegnet, ist die gutgemeinte Erstreaktion meist eine Reaktion, die vernünftig, analytisch, intellektuell, kognitiv sein will, damit aber die Problemlage vertieft, statt sie zu entschärfen. Und der vermeintlich unterstützende Partner wird daraufhin auch noch sauer, weil sein Hilfsangebot aus Undankbarkeit und Ignoranz abgelehnt wurde.

Was der Partner in Not braucht, ist Trost, Schutz, eine Umarmung, ein tiefes gemeinsames Atmen, Empathie, ein tiefer Blick in die Augen, verständiges Schweigen oder ein Satz wie »Ich bin für dich da«, »Ich beschütze dich«, »Wir schaffen das«, »Ich bin an deiner Seite«, »Du kannst dich auf mich verlassen« oder »Ich halte deine Hand«. Der Partner in Not will zuvörderst Anerkennung seiner Person und seiner Gefühlslage, er will gesehen werden. Will, dass ihm einfach zugehört wird, ohne gleich eine mögliche Antwort zu erhalten. Eine Lösung kann sich auch noch später finden lassen, zuerst geht es um Verständnis, Trost, Barmherzigkeit, Sicherheit, Heimat und Hafen. Und diese Handlungen sind Handlungen der Dimension empathischer Freundschaft. Das sind Handlungen, die aus der Güte des Herzens, der Selbstlosigkeit, der inneren Weisheit und Größe praktiziert werden, nicht auf der Ebene von Augenhöhe, Fairness, Objektivität, Verhandlung, Vernunft, Analyse. Das können Sie auch ein paar Tage später noch machen. Jetzt aber im Akutfall nicht. Da will sich Ihr Partner bei Ihnen ausheulen, bei Ihnen unterkriechen, von Ihnen beschützt werden. Er will emotional ernst genommen werden, nicht sachlich. Ganz ohne viele Worte.

Vielleicht hilft noch eine kleine Analogie zu den lauten und leisen Botenstoffen Adrenalin/Endorphin versus Oxytocin/Serotonin:

Die Ebenen Gemeinschaft und Leidenschaft sind laute Ebenen. Die Ebene Freundschaft ist eine leise Ebene. Einfach deshalb, weil Handlungen auf der Gemeinschafts- und Leidenschaftsebene äußerlich initiierbar, sichtbar und messbar sind und in unserer Kultur durch Werbung und in Popsongs deshalb auch ständig erwähnt und dupliziert werden. Handlungen auf der Freundschaftsebene hingegen sind subtiler, leiser, kaum sichtbar, weil sie in einer Tiefe stattfinden und weil es dazu kaum Bilder, Popsongs gibt, die das in einer Sekunde oder drei Minuten transportieren können. Weil Handlungen auf Freundschaftsebene lange, ruhige Wellen sind von Trost, Verständnis, Offenheit, Wärme und Gelassenheit, die man nicht in Worte oder Bilder fassen kann, uns aber umso intensiver berühren, wenn wir sie erleben.

Lassen Sie uns mit dieser Brille auf der Nase einen Blick in Ihren Beziehungsalltag und Ihre Veränderungsmöglichkeiten werfen:

Sie wissen jetzt, dass es die drei Aggregatzustände Leidenschaft, Gemeinschaft und Freundschaft in der Partnerschaft gibt. Sie wissen, dass jeder Zustand eine andere Saite in uns zum Klingen bringt. Sie wissen, dass wir jede Ebene im Körper anders zuordnen können (Bauch/Kopf/Herz). Sie wissen, dass die drei Zustände nicht untereinander verrechenbar oder verhandelbar sind. Sie wissen, dass eine gelingende Partnerschaft auf allen drei Ebenen gelebt werden muss. Sie sind in der Lage, einen Konflikt, eine Herausforderung, eine Krise einer jeweiligen Ebene zuzuordnen, und können dadurch bessere Veränderungs- und Lösungsvorschläge initiieren.

Sie wissen, dass wahre Freundschaft nicht darin besteht, lustige Gespräche zu führen und sich miteinander gut zu verstehen, das ist Sympathie, spielerische Liebe, Leidenschaft, Im-Flow-Sein. Freundschaft ist Empathie, selbstlose Unterstützung des anderen, Raumgeben, weil man ihn wirklich mag.

Sie wissen, dass Rat zu geben und praktisch zu helfen der Ebene der Gemeinschaft zugeordnet wird und zuzulassen, zuzuhören und zu trösten der Ebene der Freundschaft.

Und Sie wissen, dass manchmal auch nur der Umgang mit einer Thematik darüber entscheidet, ob es sich um einen freundschaftlichen oder um einen gemeinschaftlichen Akt in Ihrer Partnerschaft handelt: Angenommen, Ihr Partner möchte einen Segelschein machen oder muss zu beruflichen Fortbildungen an Wochenenden: Wenn Sie die Zeiten seiner Abwesenheiten verrechnen und hierfür im Gegenzug ebenfalls ein Recht auf eigene Abwesenheiten ableiten, agieren Sie auf der Ebene der Gemeinschaft. Wenn Sie hingegen die Zeiten seiner Abwesenheit schenken, ermöglichen, nichts dafür zurückfordern und ihm nur das Beste wünschen, agieren Sie auf der Ebene der Freundschaft.

In welchen Zuständen agieren Sie als Paar? Worin sind Sie gut? Was klappt gar nicht?

Sollte Ihre Partnerschaft ausschließlich von den täglichen Mühen der Tages- und Lebensorganisation geprägt sein und sind Sie diesbezüglich ein Spitzenteam, aber fehlt Ihnen auf der Ebene der Leidenschaft, des unmittelbaren, freudigen Erlebens etwas: Initiieren Sie bitte spielerische Momente, Momente der gemeinsamen Selbstvergessenheit, tanzen Sie im Wohnzimmer, gehen Sie miteinander ins Kino, verreisen Sie, setzen Sie sich Hand in Hand auf den Balkon, knutschen Sie, machen Sie ohne Grund eine Flasche Champagner auf, unternehmen Sie etwas Lustiges, überraschen Sie Ihren Partner mit Verrücktheiten und so fort, initiieren Sie Paarzeit jenseits der herrschenden Routinen. Warten Sie nicht, bis Ihr Partner damit anfängt. Die Veränderung beginnt mit Ihnen. Sprechen Sie miteinander darüber, erzählen Sie von Ihren Wünschen, lassen Sie sich von Ihrem Partner seine Wünsche erzählen,

erzählen Sie sich gegenseitig, wie der andere war, als Sie sich ineinander verliebt haben, sprechen Sie über Ihre Wünsche und über die Person aus der Vergangenheit der Verliebtheit so konkret wie möglich, damit bei jedem Wunsch in Ihnen und in Ihrem Partner ein konkretes Bild im Kopf erscheinen kann. Denn nur dadurch kann der Wunsch lebendig und durch das Gegenüber auch erfüllt werden. Sagen Sie nicht: »Ich will doch einfach nur das Gefühl haben, dass du mich liebst und ich dir jenseits unseres komplexen Alltags wichtig bin«, sondern sagen Sie: »Ich würde deine Zuneigung und Liebe daran spüren, dass du mir abends einen Willkommenskuss gibst und wenn wir einmal im Monat etwas nur als Paar erleben und machen, zum Beispiel ins Kino oder Theater gehen.« Sagen Sie nicht: »Ich hätte gern mehr Sex«, sondern sagen Sie: »Ich hätte gern einmal die Woche zwei Stunden Sex, bei dem ich zum Orgasmus komme.«

Ist Ihre Partnerschaft geprägt von Chaos, Unverbindlichkeit, einem nichtfunktionierenden Alltag, Vergesslichkeiten, Unpünktlichkeiten und so fort: Reden Sie mit Ihrem Partner darüber. Lassen Sie ihn wissen, wie sehr Sie das belastet und wie sehr Sie sich Veränderung, Verfestigung, Verstetigung, Vertrauen, Verlässlichkeit wünschen. Sprechen Sie nicht über den Mangel, also beschweren Sie sich nicht darüber, dass Ihr Partner die Geschirrspülmaschine nicht ausräumt, nicht zurückruft oder Termine vergisst, sondern sprechen Sie einerseits über Ihre Bedürfnisse nach verlässlichem gemeinschaftlichem Alltag als Teil Ihrer Liebe, gern mit den obigen Begriffen. Bleiben Sie also durchaus etwas abstrakter, damit Sie sich nicht im Kleinklein von Vorwürfen und vom Mangeln des Konkreten verlieren, und formulieren Sie dann so konkret wie möglich, woran Sie merken würden, dass es besser, anders, gut ist. Auch hier gilt – wie auf der Ebene der Leidenschaft: Nur wenn in Ihnen und in Ihrem Partner ein inneres Bild erscheint, was Sie mit Ihrem Wunsch meinen, ist es konkret genug. Sagen

Sie also nicht: »Ich will, dass du regelmäßiger pünktlich zu Hause bist«, sondern sagen Sie: »Ich wünsche mir, dass du zweimal die Woche um 19.00 Uhr da bist, damit wir an diesen Tagen gemeinsam zu Abend essen können.« Die wichtigen Konkretisierungen in diesem Satz: zweimal, 19.00 Uhr, Abendessen. Das ist messbar und konkret.

Und denken Sie immer daran: Wir machen es in unseren Partnerschaften meist genau umgekehrt. Unsere Beschwerden sind immer sehr konkret und präzise und unsere Wünsche sehr abstrakt und verschwommen. Und so rum klappt es leider nicht.

Bedenken und beleuchten Sie, bevor Sie mit der Lektüre des nächsten Kapitels beginnen: Leben wir die pragmatische und spielerische Liebe? Also Gemeinschaft und positive Leidenschaft? Können wir darin besser werden, als wir es bislang sind? Was wünsche ich mir diesbezüglich von meinem Partner? Was wünscht sich mein Partner diesbezüglich von mir?

Und: Wie viel Potenzial zur tiefen Freundschaft hat unsere Beziehung? Können und wollen wir uns nicht nur in Sympathie, sondern auch in Empathie begegnen? Welche selbstlosen, liebevollen, unterstützenden Akte kann und will ich in unsere Beziehung von jetzt an integrieren und dadurch meine Partnerschaft nachdrücklich und intensiv stabilisieren, heilen und verbessern?

Ich kann Sie nur dringlich ermuntern, den Hebel in Ihrem Kopf umzulegen, Ihre inneren Freiheitsräume zu nutzen und sich zu sagen: »Ich bin bereit, meinem Partner von jetzt an permanent unterstützend als wirklichem Freund zu begegnen.« Und sich zu fragen: »Wer bin ich, wenn ich von jetzt an aus selbstloser, gebender, stetiger, stabiler Freundschaft heraus in meiner Partnerschaft agiere? Und meinen Partner darin unterstütze, der zu werden, der er sein möchte. Das Leben zu leben, das er sich wünscht. Und nicht mehr aus singulär der Idee von Fairness, Kompromiss und Verhandlung in meiner Beziehung zu agieren.« Das ist der wesentliche Hebel im Kopf, der vieles in Ihrer Partnerschaft sofort zum Besseren verändert. Und der uns doch so unendlich schwerfällt, weil wir besessen sind von der Idee von Fairness, Objektivität, Verhandlung und Kompromiss, obwohl diese Idee in den meisten Arenen unserer Paarbeziehung schädlich ist und überhaupt keine Rolle spielen darf.

Entscheiden Sie sich jetzt dafür, die Dimension von tiefer, ehrlicher, gebender, selbstloser, empathischer, loyaler, unterstützender Freundschaft in Ihrer Partnerschaft lebendig werden zu lassen. Sie werden ein Wunder erleben. Das garantiere ich Ihnen.

Die drei Ebenen von Information bei Paaren
oder Warum wirklich jedes Verhalten in einer Partnerschaft Information ist, die Sie sinnvoll nutzen können

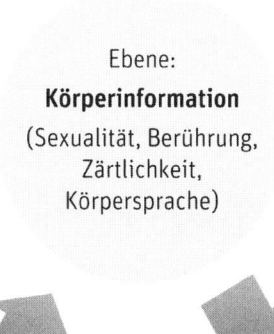

Ebene:
Körperinformation
(Sexualität, Berührung, Zärtlichkeit, Körpersprache)

Ebene:
Handlungsinformation
(Was tue ich?/Was tun wir?/ Was tun wir nicht?/ Wie gehen wir miteinander um? Was machen wir?)

Ebene:
Verbalinformation
(Was sage ich?/Wie/was reden/sprechen wir? Worüber sprechen wir nicht?)

In diesem Kapitel wollen wir uns primär darauf konzentrieren, welche Informationen wir als Partner anhaltend einander zukommen lassen und erhalten, anhaltend voneinander wahrnehmen können. Ich gehe dabei von folgenden zentralen Annahmen aus: Sämtliches Agieren in einer Beziehung kann als Informationsaustausch verstanden werden. Informationsaustausch findet verbal oder nonverbal statt. Er kann durch Berührung geschehen (»Ich streichle deine Hand«), durch eine Handlung (»Ich fahre mit dir in den Urlaub«/»Ich setze mich zu dir an den Tisch«) oder durch verbalisierte Sprache (»Ich sage etwas«).

Als die drei Ebenen von Information verstehen wir Körper-, Handlungs- und Verbalinformation. Alle drei Dimensionen des Paar-Informationsaustauschs tragen zum Wohlbefinden in einer Beziehung bei. Die Dimensionen stehen in keiner Rangordnung zueinander und auch in keiner spezifischen Kausalität, es gibt also kein Wenn-dann-Verhältnis, vielmehr sind alle drei Dimensionen gleichrangig und anhaltend in Interaktion ohne Anfang und ohne Ende.

Indem ich darauf achte, wie ich mich gegenüber meinem Partner oder mein Partner sich gegenüber mir auf Körper-, Handlungs- oder Verbalebene verhält, bekomme ich Beziehungsinformationen. Und indem mein Partner darauf achtet, bekommt er Beziehungsinformationen.

Eine innere Stimme sagt dann zum Beispiel: »Da mein Partner und ich regelmäßig miteinander guten Sex haben, geht es mir und unserer Beziehung gut«, »Da wir viel miteinander reden, viel miteinander lachen, geht es mir und unserer Beziehung gut«, »Da wir viel miteinander unternehmen, ist unsere Liebe stark«, »Da mein Partner mich immer umarmt, wenn wir uns verabschieden, fühle ich mich geborgen und wohl«, »Da mein Partner nicht mehr mit mir schlafen möchte, stimmt etwas mit unserer Beziehung nicht«, »Da mein Partner nicht mit mir ins Kino möchte, liebt er mich nicht mehr«, »Da mein Partner mir nie davon erzählt, wie es ihm geht, vertraut er mir nicht«, »Da mein Partner nie den Müll wegbringt, scheint ihm unsere Beziehung nicht wichtig zu sein«, »Da ich meinen Partner nicht mehr begehre, liebe ich ihn wohl nicht mehr« …

Betrachten Sie diese drei Ebenen wie ein Konto, auf das Sie einzahlen können. Oder wie ein großes Mosaikbild, bei dem Sie Steinchen für Steinchen hinzufügen können. Je mehr Sie auf das Konto einzahlen, desto größer ist Ihr Beziehungsguthaben. Je mehr Steinchen Sie anlegen, desto facettenreicher, bunter, lebendiger, größer ist das Gesamtbild Ihrer Beziehung.

Nutzen Sie die Unzufriedenheit Ihres Partners, um sich zu überlegen, ob Sie auf diesen drei Ebenen neues Verhalten, neues Sprechen, neue Körperlichkeit initiieren können, um Ihren Partner aus seiner Unzufriedenheit zu holen. Die Unzufriedenheit Ihres Partners ist eine Chance, kein Risiko.

Vermeiden Sie von Anfang an die Beurteilung der Wünsche Ihres Partners. Wie Sie ja schon wissen, geht es in einer Beziehung weniger darum, ob wir die Wünsche unseres Partners gut oder schlecht, angebracht oder unangebracht finden, sondern mehr darum, ob wir bereit sind, diese Wünsche zu erfüllen oder nicht. Wir werden darauf in diesem und den folgenden Kapiteln noch intensiver zurückkommen.

Wonach suchen Menschen in Beziehungen? Sie suchen in vielen Bereichen ihres Lebens und ihrer Biografie nach Freiheit, Abwechslung, Erweiterung und Veränderung. Diese Bedürfnisse stehen in Konkurrenz zu dem, was Menschen meist innerhalb einer Beziehung suchen: In einer Beziehung suchen sie Sicherheit und Bindungssicherheit (»Ich fühle mich geborgen«), Harmonie und

Zufriedenheit (»Es geht mir gut«). Dies erleben sie durch Bestätigung (»Ich mag dich«) und Teilhabe (»Ich erzähle dir von mir und höre dir zu«).

Eine Beziehung ist für viele Menschen dann sinn- und wertvoll, wenn sie als Paar auf den drei Ebenen der Information miteinander kommunizieren, in Verbindung stehen, einander Informationen geben. Findet dieser Austausch nicht statt, wird es schwer erklärbar, warum sie dann noch in der Beziehung sind. Sie muss für mich einen Mehrwert haben, dadurch, dass ich in der Beziehung bin, muss es mir besser gehen als ohne sie. Marilyn Monroe wird das Zitat zugeschrieben: »Wenn ich schon einsam bin, möchte ich wenigstens allein sein.« Und sie hat damit zum Ausdruck gebracht, was viele Menschen umtreibt: Ein Beziehungserleben, das mich einsam bleiben lässt, ist schmerzhafter, als in seiner Einsamkeit allein zu sein. Wir erwarten also etwas in einer Beziehung.

Kommunikation und Informationsaustausch auf den drei Ebenen sorgen dafür, dass wir uns nicht einsam fühlen, sondern geborgen, gesehen, aufgehoben, gewollt, erwünscht; und dadurch erleben wir eine Beziehung als sinnvoll und richtig. Wir fühlen uns sicher und zufrieden.

Beide Aspekte – also Bindungssicherheit und Zufriedenheit – stehen entsprechend im Mittelpunkt, wenn Partner die Qualität einer Beziehung beurteilen. Ich stelle mir dann Fragen wie »Fühle ich mich in meiner Beziehung verstanden?«, »Fühle ich mich von meinem Partner akzeptiert und gewollt?«, »Bin ich zufrieden?«, »Habe ich das Gefühl von Sicherheit und Geborgenheit?«, »Erlebe ich meine Partnerschaft in seiner Gesamtheit als richtig und gut?« oder »Erlebe ich meine Beziehung als abwechslungsreich und bereichernd?«.

Je nachdem, woran ich diese Zufriedenheit oder Bindungssicherheit messe, sehe ich Handlungsbedarf auf der einen oder anderen Informationsebene.

Hängt meine Beziehungszufriedenheit davon ab, wie ich mit meinem Partner den herausfordernden Alltag mit zum Beispiel Haushalt, Kindern und Beruf organisiere oder wie oft wir gemeinsam ins Kino gehen (Handlungsebene), hängt mein Beziehungserleben maßgeblich von diesem Parameter ab: Ich bin über das Verhalten meines Partners bezüglich gemeinsamer Aktivitäten, gemeinsamer Haushaltsaufgaben unzufrieden und glaube, dass die Qualität unserer Beziehung zunimmt, wenn wir zum Beispiel öfter miteinander ins Kino gehen oder eine klare Regelung bezüglich Kochen und Einkaufen hätten. Oder: Ich leide an der Tatsache, dass mein Partner und ich zwar seit Jahren gemeinsam leben, aber immer noch nicht verheiratet sind oder immer noch getrennte Konten haben; und ich glaube, dass sich mein Beziehungserleben verbessert, wenn wir verheiratet sind oder gemeinsame Konten haben.

Mache ich meine Bindungszufriedenheit an der Quantität und/oder an der Qualität meines Sexuallebens und der allgemeinen gemeinsamen Körperlichkeit (Körperebene) innerhalb der Beziehung fest, stehen im Mittelpunkt meiner Betrachtung das Sexualleben und die Körperlichkeit: Ich bin über die Qualität oder Quantität unserer gemeinsamen Sexualität unzufrieden und glaube, dass die Beziehungsqualität an sich durch eine Verbesserung unseres Sexuallebens verbessert wird. Ich bin mit unserer Körperlichkeit sehr unzufrieden und glaube, wenn wir eine höhere körperliche Intimität auch jenseits von Sexualität entwickeln könnten, wäre unsere Beziehung schöner.

Bewerte ich die Qualität meiner Beziehung an der Qualität unserer Gespräche (Verbalebene), beurteile ich meine Beziehung vornehmlich über unsere Gesprächskultur, die Lust am Erzählen, die Fähigkeit, gehört, getröstet, verstanden zu werden: Ich bin unzufrieden darüber, dass mein Partner zu wenig mit mir spricht, mir zu wenig zuhört, mir zu wenig Fragen stellt, mir zu wenig aus seinem Arbeitsalltag erzählt, mich zu selten an seinen Ängsten und Sorgen teilhaben lässt; und ich bin der Überzeugung, dass unsere Beziehung sich deutlich verbessern würde, wenn wir uns mehr miteinander austauschten.

Besteht meine Vorstellung von einer gelingenden Beziehung aus einem Mix all dieser Ebenen (und das ist ja meist der Fall), achte ich vornehmlich auf die Ausgewogenheit der drei Dimensionen.

Mir ist in meiner Praxis als Paartherapeut noch nie ein Paar begegnet, das nicht eine Herausforderung auf einer dieser drei Ebenen hätte.

Jeder Mensch hat eine ganz eigene Ahnung davon, durch welche Ebene für ihn eine maximal positive Veränderung in einer Partnerschaft erreichbar wäre. Wir sagen dann: »Würden wir nur mehr miteinander schlafen, wäre der Rest an Problemen gar nicht so schlimm.« Andere meinen: »Wenn wir nur mehr miteinander redeten …« Und wieder andere: »Wenn wir nur mehr miteinander unternähmen …«

Jedes Paar definiert für die eigene gelingende Beziehung, welche Ebenen in welcher Intensität bespielt werden, damit beide Partner das Gefühl haben, in einer guten und funktionalen Beziehung zu leben.

Es geht nie darum, alle Ebenen maximal zu erfüllen, sondern darum, als Paar herauszufinden, welches Set an Kommunikationspraktiken beide Partner wünschen respektive benötigen, um das

Gefühl von Leichtigkeit, Erfüllung, Möglichkeit, Freiheit bei gleichzeitiger Zufriedenheit, Ankunft, Verbindlichkeit, Sicherheit, Entspanntheit zu haben.

Es gibt leider keine verlässliche Formel, nach der Partnerschaft gelingt, nach dem Motto: 40 Prozent Verbalinformationen plus 40 Prozent Handlungsinformationen plus 20 Prozent Körperinformationen gleich 100 Prozent Beziehungsglück. Es gibt zufriedene Paare, die auf diesen drei Ebenen völlig unausgewogen agieren und trotzdem eine für beide erfüllende Partnerschaft leben; und es gibt Paare, die in allen drei Dimensionen sehr ausgewogen agieren und dennoch ihre Partnerschaft als tiefes Unglück empfinden. Im Zentrum gelingender Partnerschaft steht also niemals eine theoretische Glücksformel, sondern immer das lebenspraktische Bedürfnis zweier höchst individueller Menschen. Die Chancen auf eine erfüllende Partnerschaft sind dann besonders hoch, wenn wir uns als Paar gegenseitig unsere Bedürfnisse mitteilen, um dem anderen dadurch die Möglichkeit zu geben, einander besser kennenzulernen und sich dazu zu verhalten.

Darüber hinaus handelt es sich bei den drei Ebenen der Information um kein statisches Modell, das, einmal geklärt, verlässlich funktioniert, vielmehr herrscht in den Dimensionen eine anhaltende Dynamik und Veränderung, da sich Bedürfnisse in den unterschiedlichen Lebensphasen auch wandeln. Aus Verlangensschwächeren bezüglich zum Beispiel Sexualität oder gemeinsamer Unternehmungen können Verlangensstärkere werden und umgekehrt. Und drei Jahre später sind die Dinge schon wieder anders.

Wichtig ist,
a) ein Bewusstsein für diese drei Ebenen zu haben,
b) einen Austausch als Paar darüber zu pflegen, was uns in einer Partnerschaft wichtig ist, und

c) die Fähigkeit zu besitzen, in herausfordernden Situationen, in Zeiten des Streits und der Krise, alternatives Verhalten sowohl innerhalb einer Ebene als auch beim Wechsel auf eine andere Ebene in mein Aktivverhalten als Partner zu integrieren.

Ganz praktisch:

a) Haben Sie bitte immer vor Augen, dass es die drei Ebenen der Information gibt.

b) Erinnern Sie sich bitte immer daran, welche Dimensionen für Ihren Partner wichtig sind. Oder befragen Sie ihn immer wieder einmal dazu.

c) Und zeigen Sie im Streitfall die psychologische Flexibilität im Denken, Handeln und Tun, um Ihre innere Fähigkeit abzurufen, anders zu reden und anders zu handeln als bislang.

Ich will Ihnen das an einem Beispiel erläutern: Mein Partner ist mit unserem Sexualleben unzufrieden. Meist offenbart sich diese Unzufriedenheit nach einer Kränkung durch Ablehnung oder in einem allgemeinen Streit in einer Beziehungsunzufriedenheit. Unsere erste Reaktion ist Erklärung (»Ich bin heute einfach nicht gut drauf« oder »Wenn du mich so berührst, geht bei mir gar nichts«), Abwehr (»Das stimmt doch nicht!«), Abwertung (»Du und deine kranke Sexsucht!«) oder Flucht (»Du spinnst, und ich gehe jetzt!«). Auch wenn die innere Stimme kommt, die sagt: »Du musst dich wehren!« Oder: »Du musst dich erklären!« Versuchen Sie, dieser inneren Stimme nicht nachzugeben. Halten Sie Ihre Lippen für eine Sekunde geschlossen, und stellen Sie sich folgende Fragen: »Kann ich innerhalb der Ebene Körperinformation Alternativen zu meinem aktuellen Informationsangebot bieten?«, »Kann ich mich darauf einlassen?«, »Kann ich andere körperliche oder sexuelle Praktiken anbieten?«, »Kann ich zärtlicher sein?«, »Kann ich häufiger Sex initiieren?« – »Nicht weil ich das Bedürfnis danach habe, sondern weil es der Wunsch meines Partners ist«.

Falls mir nichts einfällt: »Kann ich meinen Partner befragen, was er sich wünscht? Und sehe ich mich in der Lage, diese Wünsche dann zu erfüllen?«

Die Fragen, die wir dann über unsere Lippen gehen lassen, lauten zum Beispiel: »Woran würdest du merken, dass wir eine erfüllende Sexualität hätten?«, »Was wünschst du dir von mir, damit es dir bezüglich deiner Bedürfnisse nach Sexualität besser oder sogar gut ginge?«, »Was wünschst du dir genau jetzt von mir?« Dass dadurch ein vollkommen anderes Gespräch entsteht, als wenn Sie sich erklären oder wehren wollen, werden Sie sehr schnell bemerken (dazu mehr im Kapitel »Alles anders … Sieben simple Wahrheiten über Kommunikation …«).

Daraufhin bekomme ich Informationen von meinem Partner über seine Wünsche und Bedürfnisse. Ich weiß dann, was mein Partner sich wünscht. Ich bin in der Lage, mich zu entscheiden, ob ich diese Wünsche erfüllen möchte oder nicht.

Falls ich mich, um beim Beispiel der Sexualität zu bleiben, nicht in der Lage dazu sehe, meinem Partner auf der Ebene der Körperinformation ein Angebot zu machen oder seine Wünsche in dieser Dimension zu erfüllen, muss ich mir die Frage stellen: »Kann ich meinem Partner zum Beispiel auf der Ebene der Handlungs- oder Verbalinformation ein alternatives Angebot machen, damit er die Partnerschaft in Summe in höherer Zufriedenheit und höherer Bindungssicherheit erfährt? Kann ich also zum Beispiel durch Kinobesuche, Urlaube, Gespräche einen Ersatz schaffen, der meinen Partner Sicherheit, Ruhe und Zufriedenheit spüren lässt und dadurch das Bedürfnis nach sexuellem Erleben aus dem Zentrum der Beziehungsunzufriedenheit rückt?«

Denn alle drei Dimensionen erfüllen den gleichen und hinter der eigentlichen Handlungsebene angesiedelten Zweck: Es geht immer darum, höhere Bindungssicherheit und höhere Zufriedenheit zu erlangen. Sexualität, Gespräche, gemeinsame Unternehmungen sind letztendlich nur jeweilige Strategien, um dieses Ziel zu erreichen.

Sexualität findet also nicht der Sexualität wegen statt, sondern weil mit der gemeinsam gestalteten und erlebten Sexualität etwas über die Beziehung ausgesagt, eine Bindungsaussage über die Beziehung gemacht wird. Ein Gespräch wird nicht um des Gesprächs willen geführt, sondern weil dieses Gespräch Bindung repräsentiert und wir uns in diesem Gespräch wohl und geborgen fühlen. Es geht also nicht um das Gespräch an sich, sondern um das gute Gefühl dahinter. Gemeinsame Kinobesuche, Urlaube finden nicht der Kinobesuche oder der Urlaube wegen statt – denn ich könnte ja auch allein ins Kino gehen oder in den Urlaub fahren –, sondern weil sich durch die gemeinsamen Aktivitäten eine Beziehungsaussage manifestiert. Und in der Summe dieser guten Erlebnisse fühle ich mich geliebt, angenommen, aufgehoben, sicher und zufrieden und erlebe physiologisch eine Ausschüttung an Oxytocin, Dopamin und Endorphin, wodurch ich mich wohlfühle. Anders ausgedrückt sind Sexualität, Gespräche und Handlungen nicht das Ziel, sondern die Strategien einer guten Beziehung, um als Ziel Liebe, Geborgenheit, Zufriedenheit zu erleben.

Die drei Ebenen der Information der Partnerschaft sind im Alltag eines Paares also Repräsentanten und Ausdruck des dahinterstehenden beziehungsweise tieferliegenden Wunschs nach Sicherheit, Geborgenheit, Ankunft.

Indem ich innerhalb einer der Dimensionen etwas tue, sage ich etwas über unsere Beziehung aus: »Du bist der Mensch, mit dem ich die intimen und beglückenden Momente der Sexualität teilen möchte«, »Du bist der Mensch, mit dem ich ein Kind haben möchte«, »Du bist der Mensch, mit dem ich alt werden möchte«, »Du bist der Mensch, mit dem ich mich austauschen möchte, wenn es mir schlecht geht«, »Du bist der Mensch, mit dem ich ein Haus kaufen möchte«, »Du bist der Mensch, dessen Hand ich streicheln möchte, wenn wir auf der Couch sitzen«, »Du bist der Mensch, den ich am Samstag an meiner Seite haben möchte, wenn ich Schuhe kaufen gehe/wenn ich zu diesem Empfang eingeladen bin«, »Du bist der Mensch, mit dem ich im Supermarkt an der Kasse stehen möchte«, »Du bist der Mensch, mit dem ich die Wäsche gemeinsam aufhängen möchte«, »Du bist der Mensch, dessen Hand ich halten möchte, wenn ich am Grab meines Vaters stehe«, »Du bist der Mensch, mit dem ich im Badezimmer verschlafen gemeinsam Zähne putzen möchte, wenn wir viel zu früh aufstehen müssen«, »Du bist der Mensch, dem ich mich in meiner ganzen Verletzlichkeit zeigen kann und der sich nicht über mich erhebt oder lustig macht« …

Zentral bleibt die innere Verpflichtung, sich in Offenheit diesen inneren und äußeren Fragen anhaltend zu stellen, und die Bereitschaft, immer wieder neue, alternative, ergänzende, erweiternde Kommunikationsangebote zu unterbreiten. Was kann ich anders machen? Was kann ich ergänzend anbieten?

Ganz wichtig ist dabei, dass die Kommunikationsangebote deshalb teilweise auch austauschbar sind: Wenn der Wunsch meines Partners nach einem gemeinsamen Urlaub ursächlich durch die Sehnsucht nach Geborgenheit und Sicherheit motiviert ist, kann ich mich auch bemühen, meinem Partner durch andere Angebote das Gefühl von Sicherheit und Geborgenheit zu geben, sodass die Dringlichkeit bezüglich des Urlaubswunschs schwindet. Es kann einfach sein, dass die einzig bisher gelernte Strategie meines Partners, um Geborgenheit und Sicherheit zu spüren, ein gemeinsamer Jahresurlaub war. Wenn ich selbst aber kein vertiefendes Interesse an Urlaub habe, ich das Bedürfnis dahinter jedoch ernst nehme, sollte ich in der Lage sein zu sagen: »Was kann ich alternativ Gutes und Sinnvolles in unserer Beziehung für dich tun, damit du dich sicher, geliebt und geborgen bei mir fühlst?« Oder: »Auch wenn ich kein Bedürfnis nach einem gemeinsamen Urlaub habe, fahre ich als Zeichen meiner Liebe gern mit dir in diesen Urlaub, weil ich weiß, wie wichtig dir das ist.«

Wie schon erwähnt wurde, gestatte ich Ihnen nicht, die Wünsche und Bedürfnisse des Partners zu bewerten, infrage zu stellen, abzuwerten und als überzogen, idiotisch oder krank einzuordnen. Falls Ihre innere Stimme diesen Impuls hat: Halten Sie Ihre Lippen verschlossen!

Sollten Sie feststellen, dass Sie nicht bereit sind, sich auf die Wünsche Ihres Partners einzulassen, hat er eine entsprechend ehrliche Antwort verdient: »Es tut mir sehr leid, dass ich der Partner an deiner Seite bin, der dir diesen Wunsch nicht erfüllen möchte.« Denken Sie immer daran: Ein klares Nein ist für eine Beziehung oft heilsamer und beruhigender als ein ewiges »Ich versuche es«, »Ich bemühe mich« oder »Ich denke darüber noch mal nach«. Denn meist versteckt sich hinter diesen Sätzen ein Nein, das wir aus Furcht, den anderen zu verletzen, nicht aussprechen möchten. Die Hinhaltetaktik dieser Sätze ist aber viel zermürbender und verletzender als ein klares Nein.

Eine ehrliche Antwort gibt meinem Partner die Möglichkeit, selbstverantwortlich zu handeln und diese Information für sich zu verarbeiten. Eben auch mit der Option, dann zu sagen: »Jetzt, wo ich weiß, dass du mir das nicht erfüllen möchtest, habe ich gemerkt, dass es mir für unsere Partnerschaft gar nicht so wichtig ist.

Und dass ich mich immer noch an deiner Seite wohlfühle und unsere Partnerschaft nicht infrage stelle. Es ist für mich nur wahnsinnig erleichternd, endlich eine ehrliche Antwort von dir erhalten zu haben.« Oder aber zu hören: »Jetzt, wo ich weiß, dass du mir das nicht erfüllen möchtest, habe ich gemerkt, dass ich nicht mehr bereit bin, diese Beziehung zu leben.«

Die Beschäftigung mit den drei Ebenen der Information hat also immer zwei Richtungen:

1. Ich erhalte einerseits von meinem Partner Informationen darüber, was er sich von mir wünscht. – Ich zeige meine psychologische Flexibilität, meine innere Freiheit, meine Bereitschaft, für diese Beziehung etwas zu tun, indem ich mich prüfe, ob ich die Bedürfnisse oder Wünsche meines Partners erfüllen möchte, ohne zu bewerten, ob ich die Bedürfnisse oder Wünsche meines Partners teile, gut oder richtig finde. Es geht lediglich darum, mich zu befragen, ob ich gewillt bin, den Wunsch meines Partners zu erfüllen. Mich zu prüfen, ob ich bereit bin, der Beziehung ein Geschenk zu machen. Das klingt gar nicht so schwer, ist aber in der Beziehungspraxis für viele ein großer Schritt. Der sich jedoch lohnt, das verspreche ich Ihnen.

2. Andererseits geht es für den Partner, der seine Wünsche äußert, der sich also eine Veränderung, Ergänzung, Erweiterung des Beziehungserlebens wünscht, um die psychologische Flexibilität und innere Freiheit, mit der Antwort seines Partners konstruktiv umzugehen. Das ist sehr einfach, wenn mir mein Partner mitteilt, meine Wünsche erfüllen zu wollen. Das wird herausfordernd, wenn mir mein Partner mitteilt, mir meine Wünsche nicht erfüllen zu wollen. Bei einer abschlägigen Rückmeldung muss ich mich also in aller Ernsthaftigkeit prüfen, ob und wie ich mit dieser Information umgehe. Ich zeige meine psychologische Flexibilität, meine Bereitschaft, etwas für diese Beziehung zu tun, indem ich zulasse, dass mein Partner meine Wün-

sche nicht erfüllt und ich deshalb die Beziehung nicht infrage stelle. Es ist dann meine Aufgabe, mich zu prüfen, ob ich bereit bin, der Beziehung ein Geschenk zu machen, indem ich auf etwas verzichte. – Auch diese Variante ist in der Beziehungspraxis ein großer Schritt. Meist aber einer zu höherem Frieden und tieferer Zufriedenheit.

Nur in dieser doppelten Dynamik, in dieser doppelten Bewegung kann Beziehung langfristig gelingen. Für beide Partner gilt: Ich ändere mich, indem ich auf die Wünsche meines Partners eingehe; und ich ändere mich, indem ich auf die Erfüllung meiner Wünsche zum Teil oder ganz verzichte; oder ich ändere mich, indem ich die Erfüllung meiner Wünsche modifiziere. Und nur durch diese doppelte Dynamik, die ganz in meiner Macht steht, verändere ich die Dynamik unserer Beziehung und verbessere sie dadurch.

Im Zentrum der Veränderungsmöglichkeiten steht also nicht mein Partner, sondern ich; und da dies wiederum eben auch für meinen Partner gilt, stehen natürlich beide im Zentrum der Veränderungsmöglichkeiten. Ich frage mich aber nicht: »Was muss mein Partner tun, um unsere Beziehung zu verbessern?« oder »Was soll mein Partner tun, damit ich auch mit einer Verbesserung der Thematik beginnen kann?«, sondern: »Was kann ich jetzt und hier tun, um unsere Beziehung zu verbessern?«

Sie finden auf den folgenden Seiten zu den drei Ebenen der Information Beispiele aus meiner Praxis, also Antworten die Paare gegeben haben, woran sie die Qualität der jeweiligen Dimensionen festmachen, was Sie gemeinsam als Paar auf diesen Ebenen erleben.

Lesen Sie sich diese in Ruhe durch, um eine vertiefende Idee davon zu bekommen, welche Vielfalt und Möglichkeit in den

Dimensionen steckt. Einiges davon wird Ihnen vertraut sein, anderes vielleicht neu und überraschend vorkommen. Ergänzen Sie diese Listen gerne durch weitere Informationen, die Ihnen einfallen.

Ebene Handlungsinformation

Indem ein Paar etwas miteinander unternimmt, miteinander Handlungen erlebt oder sich erlaubt, Handlungen getrennt zu erleben, stiftet es Gemeinsamkeit. Im Zentrum stehen die Fragen: Was tun wir miteinander als Paar? Was erleben wir miteinander als Paar? Wie wäre unsere Beziehungsqualität, wenn wir nur über diese Ebene miteinander in Austausch gehen könnten? Wenn ein Fremder unsere Paarqualität nur daran festmachte – was für ein Paar würde er sehen?

Wir gehen gemeinsam …/
Ich gehe mit meinem Partner zusammen …

- ☐ einkaufen.
- ☐ shoppen.
- ☐ feiern.
- ☐ tanzen/im Wohnzimmer tanzen.
- ☐ auf Partys.
- ☐ ins Kino/ins Theater/in die Oper.
- ☐ zum Sport.
- ☐ in die Kirche.
- ☐ zu unseren Eltern/ Geschwistern.
- ☐ zu beruflichen Abendveranstaltungen.
- ☐ in Clubs/Diskotheken.
- ☐ am Sonntag spazieren.
- ☐ in Restaurants.
- ☐ in die Welt und zeigen uns als Paar.

Wir haben …/Ich bin bereit für …/Ich gebe den Impuls für …

- ☐ eine gemeinsame Wohnung.
- ☐ ein Kind/Kinder.
- ☐ ein Haus gekauft/gebaut.

- gemeinsames Haushaltsgeld.
- ein gemeinsames Konto.
- gemeinsame Interessen/ Hobbys.
- ein Ritual für gemeinsame Mahlzeiten unter der Woche.
- ein Ritual der Verabschiedung am Morgen/ der Begrüßung am Abend.
- uns entschlossen zusammenzuziehen.
- gemeinsam Immobilien gekauft und vermietet.
- einen sehr entspannten und supportiven Beziehungsalltag miteinander.
- einen gemeinsamen Freundeskreis.
- eine gemeinsame Firma.

Wir ...

- kochen gemeinsam.
- kümmern uns um den Garten.
- kümmern uns um die Pflanzen.
- machen gemeinsam Sport.
- arbeiten gemeinsam.
- sind gemeinsam im Bad und putzen uns die Zähne.
- unternehmen gemeinsame Wochenendausflüge/Wochenendtrips/ Städtereisen.
- machen gemeinsame Zukunftsplanungen, was wir in den kommenden fünf/zehn/fünfzehn/ zwanzig Jahren machen wollen, was wir gemeinsam erreichen wollen.
- haben eine gemeinsame Vorstellung von Familie.
- kümmern uns gemeinsam um die Kinder.
- haben gemeinsame Vorstellungen von guter Kindererziehung, auch wenn wir im Detail nicht immer einer Meinung sind.
- geben uns den Freiraum, eigenen Aktivitäten nachzugehen, ohne Stress, Missgunst oder Nerverei.

Mein Partner .../Ich mache, bringe, kümmere et cetera ...

- macht mir Geschenke.
- bringt Blumen mit.
- bringt den Müll weg.
- wechselt die Glühbirnen.
- kümmert sich um Getränke.
- hilft mir in den Mantel.
- öffnet mir die Tür/hält mir die Tür auf.
- gibt mir finanzielle Sicherheit.
- geht mit mir aus.
- fährt mit mir in Urlaub.
- gibt mir emotionale Sicherheit.
- tröstet mich, wenn ich traurig bin.
- gibt mir Schutz, wenn ich mich klein und verletzlich fühle.
- gibt und schenkt Liebe, Aufmerksamkeit, Zeit, ohne von mir etwas zu verlangen.
- macht das Bett.
- und ich wohnen gemeinsam.
- heiratet mich.
- räumt die Wohnung/ die Küche auf.
- begleitet mich zu meinem Hobby, obwohl es ihn nicht interessiert.
- gibt mir den Freiraum, mein Hobby auszuüben, ohne mir deshalb Stress zu machen.
- kocht mir Tee.
- fragt mich, ob ich etwas trinken möchte, wenn wir zu Hause am Tisch, auf dem Sofa sitzen.
- hält in unserem Wohnzimmer/Schlafzimmer/ Badezimmer Ordnung.
- nimmt mich in den Arm/ an der Hand, wenn wir auf der Straße sind.
- verzichtet auf etwas, um mir einen Gefallen zu tun/Zeit miteinander zu verbringen.
- lässt mich entspannt meine Jungs-/Mädels- abende verbringen.
- positioniert sich gegen- über unseren Herkunfts- familien eindeutig auf meiner (= unserer) Seite.
- repariert/renoviert Dinge im Haushalt/mein

Auto/mein Fahrrad, mein iPhone.

- □ überrascht mich mit Vorschlägen, wie wir den Abend, das Wochenende verbringen können.
- □ kümmert sich auch mal allein um die Kinder/ fährt auch mal allein mit ihnen weg/verbringt Zeit allein mit ihnen, um mich zu entlasten/um mir Freiräume zu schaffen.
- □ nimmt mich mit, wenn er Schuhe einkaufen geht.
- □ kommt mit, wenn ich Schuhe einkaufen gehe.
- □ holt mich vom Flughafen/vom Bahnhof ab.
- □ öffnet mir die Tür am Taxi/am Auto.

_____

_____

_____

_____

_____

Ebene Körperinformation

Hier geht es um gemeinsame körperliche Erfahrungen. Auch unser Körper hat eine eigene Sprache, eine eigene Empfindung und ein Erleben. Es macht einen Unterschied für die Beziehung, ob ein Paar Händchen hält, sich umarmt, streichelt, Sex miteinander hat oder nicht.

Im Zentrum stehen die Fragen: Was erleben unsere Körper miteinander? Unsere Hände? Unsere Haut? Unsere Haare? Unsere Zunge? Wie wäre unsere Beziehungsqualität, wenn wir nur über diese Ebene kommunizieren könnten? Was weiß meine Zunge, meine Hand, mein Hintern über unsere Beziehungsqualität? Kennt mein Hintern, meine Hand, meine Schulter überhaupt meinen Partner? Was hätten wir für eine Beziehung, wenn wir nur Körper-Informationen hätten? Wenn ein Fremder unsere Paarqualität nur daran festmachte – was für ein Paar würde er sehen?

**Wir kommunizieren körperlich als Paar durch/
machen Folgendes ...**

- ☐ Händchenhalten.
- ☐ Streicheln durchs Haar.
- ☐ Streicheln der Wange.
- ☐ Streicheln der Hand.
- ☐ Augenkontakt.
- ☐ Zuzwinkern.
- ☐ Lächeln.
- ☐ Kitzeln.
- ☐ Kneifen.
- ☐ Wir drücken uns gegenseitig Pickel aus.
- ☐ Ich schneide meinem Partner die Haare/ die Fingernägel/ die Fußnägel.
- ☐ Schulter an Schulter sitzen.
- ☐ Umarmung.
- ☐ Schulterumarmung.
- ☐ Hüftumarmung.
- ☐ den Kopf auf die Schulter legen.
- ☐ den Kopf in den Schoß legen.
- ☐ auf die Wange küssen.
- ☐ auf den Kopf küssen.
- ☐ auf den Mund küssen.
- ☐ kuscheln auf der Couch/ auf der Gartenliege/am Strand.
- ☐ füßeln unterm Tisch.
- ☐ Beine aneinanderreiben.
- ☐ Beine streicheln.
- ☐ kitzeln.
- ☐ Zungenküsse.
- ☐ Ohren küssen.
- ☐ Nacken küssen.
- ☐ Hals küssen.
- ☐ Füße küssen.
- ☐ Handmassage.
- ☐ Fußmassage.
- ☐ Kopfmassage.
- ☐ rasieren/frisieren.
- ☐ Hand in Hand einschlafen.
- ☐ in Löffelchenstellung einschlafen.
- ☐ gemeinsam baden/ duschen.
- ☐ einander waschen.

- beiderseitiges Nacktsein im Bett.
- fummeln mit offenen Augen.
- Selbstbefriedigung im Beisein des Partners.
- zärtliche Berührung unserer Geschlechtsteile ohne Orgasmen.
- zärtliche Berührung unserer Geschlechtsteile mit Orgasmen.
- Massagen/Ölmassagen.
- Analstimulation.
- unsere Körper von oben bis unten küssen/lecken.
- Wir schauen gemeinsam Pornos und haben dann Sex miteinander.
- Vibratorspiele.
- sonstige Toys.
- Fesselspiele.
- Peitschenspiele.
- Augenverbinden.
- Sex, zu dem wir andere Personen einladen.
- stimulierende Schläge/ Ohrfeigen, die wir vorher besprechen und vereinbaren.
- Wir spucken uns ins Gesicht.
- Ich lasse mich ficken./ Mein Partner will sich manchmal einfach ficken lassen.
- Wir ziehen uns an den Haaren.
- kneifen uns die Brüste/ den Hodensack/die Schamlippen/den Hintern.
- halten uns während des Sex im Polizeigriff.
- geben die Erlaubnis, brutal zu sein.
- Wir loten Schmerzgrenzen aus und erweitern sie.
- kratzen.
- intensives Beißen.
- stimuliert mir den Anus.
- Ich lecke meinem Partner den Anus.
- Wir haben intensiven Dirty Talk als Teil unserer Sexualität.
- Wir mieten uns ein Hotelzimmer, um dort Sex zu haben.
- Wir vereinbaren, wer dominiert und wer sich unterwirft.
- Wir initiieren Rollenspiele.

- Wir reden beim Sex miteinander.
- Wir lachen beim Sex miteinander.
- Wir haben Sex im Schlafzimmer.
- Wir haben Sex im Wohnzimmer.
- Wir haben Sex im Badezimmer.
- Wir haben Sex in der Küche.
- Wir haben Sex im Urlaub.
- Wir haben Sex am Wochenende.
- Wir haben Sex in Umkleidekabinen, im öffentlichen Raum, an verbotenen Orten.
- Wir haben Sex unter der Woche.
- Wir haben Sex tagsüber.
- Wir haben Sex vor dem Einschlafen.
- Wir haben Sex nach dem Aufwachen.
- Wir haben beim Sex die Augen geschlossen, und es ist dunkel.
- Wir haben beim Sex die Augen geöffnet, und das Licht ist an.
- Wir haben Analverkehr.
- Wir haben Oralverkehr.
- Wir haben Vaginalverkehr.
- Wir befriedigen uns manuell gegenseitig ohne Penetration.
- Wir haben aufregende unterschiedliche Stellungen beim Sex.
- Wir haben gemeinsame Orgasmen.
- Wir haben Orgasmen.
- Ich habe Orgasmen.
- Mein Partner hat Orgasmen.
- Wir haben eine befriedigende Sexualität.

_____
_____
_____
_____
_____

Ebene Verbalinformation

Auf dieser Ebene geht es um die Sprache, also um das, was uns über die Lippen, die Stimmbänder kommt. Dinge, die man hören kann. Auch hier findet Informationsaustausch in vielfältiger Weise statt. Wenn Paare die Qualität ihrer verbalen Kommunikation beurteilen, sind die Inhalte sogar oftmals egal, vielmehr geht es um den reinen Akt des Sprechens. Falls in Ihrer Beziehung Schweigen herrscht, können Sie die Qualität Ihrer Beziehung auf verbaler Ebene schon erhöhen, indem Sie sich über das Wetter unterhalten. Im Zentrum stehen die Fragen: Reden wir miteinander? Und wenn ja, worüber? Spüre ich eine Verbindung zu meinem Partner durch unsere Gespräche? Wie wäre unsere Beziehungsqualität, wenn wir nur über diese Ebene miteinander in Austausch gehen könnten? Wenn ein Fremder unsere Paarqualität nur daran festmachte – was für ein Paar würde er sehen?

Wir finden als Paar Worte, um einander …

- um Hilfe zu bitten (»Kannst du mir helfen?«, »Kannst du mich unterstützen?«).
- Fragen zu stellen (»Wie geht es dir?«, »Verstehst du das?«, »Was willst du machen?«).
- teilhaben zu lassen, den Alltag zu erzählen (»Stell dir vor, was mir heute passiert ist«).
- offen zu sein (»Was treibt dich?«, »Woran glaubst du?«, »Was möchtest du erreichen?«).
- wahrhaftig zu sein. Was treibt mich (»Ich glaube daran«, »Ich möchte dies – ich möchte jenes«, »Es ist mir wichtig, dass …«)?
- Raum zu geben. Wir wissen, dass es manchmal gut ist, dem anderen nur zuzuhören, ohne darauf reagieren zu wollen.

- Position zu beziehen (»Ich sehe das genauso«, »Ich sehe das anders«, »Ich bin auf deiner Seite«, »Du musst dir keine Sorgen machen, ich passe auf uns auf«).
- Witze zu erzählen.
- aus einem Buch oder der Zeitung vorzulesen.
- witzige oder liebevolle Zettel/SMS/WhatsApps zu schreiben

Wir reden über ...

- Politik.
- das Wetter.
- Vermischtes.
- Sport.
- Kultur.
- unsere Kinder.
- unsere Eltern.
- Bücher oder Filme.
- Zeitungsartikel.
- Werte, die uns wichtig sind.
- Alltagsanekdoten.
- Haltung.
- Werte.
- den Sinn des Lebens.
- unsere Ängste.
- unsere Ziele.
- unsere Wünsche.
- unsere Träume.
- unsere Sexualität.
- unsere finanzielle Situation.
- unsere Altersvorsorge.
- unsere Urlaubsplanung.
- was wir in den kommenden zwölf Monaten erleben wollen.
- wie wir sterben wollen.
- wie wir im Alter leben wollen.
- Wie wir in zehn/fünfzehn/dreißig Jahren leben wollen.

Wir erleben als Paar im Gespräch, dass wir ...

- Positionen aufgeben/loslassen können.
- uns Rückmeldungen geben.
- versöhnlich miteinander umgehen.
- miteinander rumspinnen können.
- Unzufriedenheit/Ärger auch mal nicht formulieren/nicht zeigen und trotzdem alles gut ist.

Wir haben ...

- eine Spezialsprache (Kinder-, Geheimsprache).
- eine eigene Sprache für Schweinereien/Dirty Talking/eine eigene erotische Sprache.
- Spitznamen/Kosenamen füreinander.
- eine positive Wagenburgmentalität (»Wir sind toll, die anderen sind doof«).

Wir können mit Sprache unterschiedlich umgehen, indem wir ...

- senden.
- empfangen.
- fragen.
- zuhören.
- unterstützen.
- nacherzählen.
- Wünsche äußern.
- Erlebtes nacherzählen.
- Enttäuschungen verarbeiten.

Übung: Sehen, was ist

Kreuzen Sie in den Listen der drei Ebenen der Information mit einem blauen Stift diejenigen Kommunikations- und Informationsangebote an, die Sie in Ihrer Beziehung leben, das heißt, die Sie Ihrem Partner anbieten und die er auch annimmt.

Kreuzen Sie mit einem grünen Stift diejenigen Kommunikations- und Informationsangebote an, zu denen Sie bereit wären, falls sich Ihr Partner diese wünschen würde.

Kreuzen Sie mit einem roten Stift diejenigen Kommunikations- und Informationsangebote an, die Sie sich von Ihrem Partner wünschen.

Übung: Maximale Verbesserung durch minimale Veränderung

Wenn Sie nur auf einer Ebene Veränderung erzielen könnten, auf welcher Ebene würden Sie diese Veränderung initiieren? Weil Sie der festen Überzeugung sind, dass durch die Veränderung auf nur dieser Ebene eine maximale Verbesserung Ihrer Beziehung eintreten würde:

☐ Körperebene

☐ Verbalebene

☐ Handlungsebene

Wenn Sie auf dieser einen Ebene nur drei Veränderungsmöglichkeiten hätten, welche wären das? Weil Sie der festen Überzeugung sind, dass durch diese drei Veränderungen eine maximale Verbesserung auf dieser Ebene erreicht wäre:

1. _____

_____

_____

_____

2. _____

_____

_____

_____

3. _____

_____

Wenn Ihr Partner nur auf einer Ebene eine Veränderung erzielen könnte, auf welcher Ebene würde er diese Veränderung initiieren? Weil Ihr Partner der festen Überzeugung ist, dass durch die Veränderung auf nur dieser Ebene eine maximale Verbesserung Ihrer Beziehung eintreten würde:

☐ Körperebene

☐ Verbalebene

☐ Handlungsebene

Wenn Ihr Partner auf dieser einen Ebene nur drei Veränderungsmöglichkeiten hätte, welche wären das? Weil Ihr Partner der festen Überzeugung ist, dass durch diese drei Veränderungen eine maximale Verbesserung auf dieser Ebene erreicht wäre:

1. _____

_____

_____

_____

2. _____

_____

_____

_____

3. _____

_____

_____

_____

Nehmen Sie sich gern eine Woche oder mehrere Wochen Zeit für die Übungen, ergänzen Sie sie, zeigen Sie sich überrascht oder bestätigt über Ihre eigenen Antworten.

Denken Sie in dieser Zeit, was die Herausforderungen für Ihre Partnerschaft angeht, über nichts weiter nach als über die drei Ebenen der Information. Was fällt Ihnen auf, wenn Sie Ihre Beziehung nur durch diese Brille betrachten? Was haben Sie in den vergangenen Jahren in diesen Dimensionen erlebt? Welche Veränderungen gab es? Auf welchen Ebenen leben Sie aktuell in Ihrer Partnerschaft? Und: Wenn dies das einzige Werkzeug wäre, um Ihre Beziehung retten zu können, was wären dann die weiteren Schritte?

Haben Sie zu viele rote Kreuze gemacht? Oder sieht das Verhältnis zwischen blauen, grünen und roten Kreuzchen eigentlich ganz gut aus und vielleicht viel besser, als Sie ursprünglich gedacht haben? Und wenn Sie viele rote Kreuze gemacht haben: Von welchen Bedürfnissen wissen Sie aus dem Mund Ihres Partners, dass er diese Bedürfnisse nicht erfüllen möchte? Und bei welchen Bedürfnissen besteht die Möglichkeit, dass Ihr Partner diese überhaupt nicht kennt, sie also gar nicht erfüllen kann, weil Sie noch nie in großer Wahrhaftigkeit und Offenheit darüber gesprochen haben?

Geben Sie sich und Ihrer Beziehung Zeit, um durch Offenheit, tieferes Verständnis und zuversichtliche Gelassenheit, mit dem Wissen und den Möglichkeiten dieses Kapitels, weitere Heilung und Verbesserung zu ermöglichen. Ihre Beziehung wird es Ihnen danken.

Vive la différence!
oder Warum es den perfekten Partner nicht gibt und wir trotzdem miteinander glücklich sein können

Dieses Kapitel besteht nur aus diesem Abschnitt: Ich möchte hier einfach nur das Wort Differenz einführen, da es auf den folgenden Seiten eine große Rolle spielen wird. Vertiefende Erläuterungen zur Differenz finden Sie dann in den weiteren Kapiteln. Lassen Sie jetzt den Begriff nur ein wenig in Ihrem Kopf kreisen. Geben Sie ihm Raum in Ihrem Denken. Holen Sie Differenz in Ihren Aktivwortschatz. Sprechen Sie das Wort dreimal laut aus. Ihre Beziehung wird es Ihnen danken. Und ich möchte Ihre Aufmerksamkeit auf eine unumstößliche, aber unbequeme Wahrheit lenken: Den perfekten Partner gibt es nicht, und wir können trotzdem miteinander glücklich sein.

Und schon ist das Kapitel zu Ende.

Liebe und Partnerschaft im Spannungsfeld zwischen Autonomie und Bindung
oder Warum wir unterschiedliche Bedürfnisse haben und das auch gut so ist

Autonomie   Bindung

In diesem Kapitel möchte ich Ihnen ein Begriffspaar vorstellen, das zentral für meine Arbeit mit Paaren ist. Im Folgekapitel kommt dann ein weiteres hinzu, und mit diesen vier Wörtern können Sie jede Ihrer Herausforderungen als Paar verorten und zu besseren Lösungen finden. Beginnen wir mit »Autonomie« und »Bindung«. Sie sehen oben die beiden Begriffe als Pole einer Skala. »Autonomie« steht ganz links, »Bindung« ganz rechts.

Sie können sich nun, als kleine Spielerei, Gedanken darüber machen, welche Lebensentscheidungen Sie in den vergangenen zehn, zwanzig Jahren allein getroffen haben und auf welchem Punkt der Skala Sie diese Entscheidung einordnen würden, also »Was habe ich nach meiner Schulzeit gemacht?«, »Was habe ich nach meiner Berufsausbildung gemacht?«, »Nach meinem Studium?«, »Wie habe ich mich gegenüber meinen Freunden verhalten?«, »Wie habe ich mich in Partnerschaften vor meiner aktuellen

Beziehung verhalten?« et cetera. Wenn Sie in diesen Lebenssituationen Veränderungen initiiert haben (zum Beispiel den Ort Ihrer Kindheit und/oder den Ort Ihres Studiums verließen und tendenziell eher Kurzzeitbeziehungen führten), dann haben Sie bei diesen Lebensfragen Entscheidungen getroffen, die Ihre *Autonomie* betonten. Wenn Sie in diesen Lebenssituationen Vertiefungen von bestehenden Systemen initiiert haben (zum Beispiel am Ort Ihrer Kindheit und/oder am Ort Ihres Studiums geblieben sind und immer jahrelange, tiefe Partnerschaften lebten), dann haben Sie bei diesen Lebensfragen Entscheidungen getroffen, die eine Vertiefung schon bestehender *Bindungen* zur Folge hatten.

Warum spreche ich hier nicht von Nähe und Distanz wie im Kapitel über die verschiedenen Persönlichkeitsstrukturen? Weil ich die Begriffe anders nutze. Nähe- und Distanztypen entscheiden über die grundlegende Fähigkeit von Partnerschaft. Sobald wir von Autonomie und Bindung sprechen, reden wir von Menschen, die grundsätzlich in Beziehungen leben wollen und können, also von Nähetypen und ihrer Feinskalierung von Autonomie und Bindung. Von Menschen, die nicht so eindeutig und beziehungsgefährdend auf Abstand bedacht sind wie Distanztypen. Deshalb hier andere Begriffe und ein anderes Verständnis.

Positionieren Sie jetzt auf der Skala gedanklich noch eine zweite Stecknadel. Ihr Partner muss ja auch noch darauf. Und schon beginnt das große Abenteuer Partnerschaft. In unserer idealen Traumpaarwelt nimmt unser Partner zu Fragen der Partnerschaft nämlich immer die gleiche Position auf der Skala ein wie wir. Diese Vorstellung erfüllt gleich zwei unserer grundlegenden, aber unreifen Beziehungswünsche: Wir verschmelzen mit dem anderen, werden also eins im Augenblick und auf Dauer, und wir spüren den anderen nicht, da er ja immer so agiert wie wir. Und, um es noch absurder zu machen: Wir wünschen uns als idealen Partner nicht den Partner, der immer und überall bindungsorientiert agiert, sondern den, der, wenn wir gerade Lust auf Autonomieverhalten haben, ebenfalls auf dieser Seite der Skala agieren möchte. Also einen Partner, der gemeinsam mit uns zu den unterschiedlichsten Fragen der Partnerschaft das ganze Spektrum der Skala bespielt. Unser idealer Partner hat dann zum Beispiel genauso wie wir keine Lust auf Heirat (Autonomie), große Lust auf eine gemeinsame Wohnung (Bindung), kein Interesse an gemeinsamen Urlauben (Autonomie), große Lust auf Kinder (Bindung), Lust auf getrennte Hobbys (Autonomie), aber Lust auf gemeinsame Abende zu Hause (Bindung), möchte meine Eltern jederzeit besuchen (Bindung), aber seine nicht (Autonomie), diese Woche ganz viel mit mir unternehmen (Bindung), kommende Woche aber nicht (Autonomie) – oder alles genau umgekehrt.

Sie sehen schon, das wird eine krude Mischung, die wir uns da zusammenfantasieren, je nachdem, wie wir zu den diversen Themen von Partnerschaft stehen. Unsere Fantasie hat entsprechend mindestens zwei Haken: Erstens ist sie in der Realität nicht zu finden, und zweitens ist sie Ausdruck eines sehr kleinkindlichen, unreflektierten, unreifen, regressiven Wollens und Wünschens.

Die vermeintlich schreckliche Realität einer Paarbeziehung sieht nämlich so aus, dass unser Partner sehr wohl immer wieder einen anderen Ort auf der Skala zwischen Autonomie und Bindung einnimmt als wir. Diese Unterschiedlichkeit nennt sich »Differenzierung«. Wir erleben im Alltag als Paar in einer normalen Beziehung Differenz. Differenz ist die Normalität und nicht die Ausnahme. Machen Sie sich das klar. Nur dadurch können Sie in Ihrer Paarbeziehung Erfüllung, Zufriedenheit und Glück finden. Und: Es gibt keinen falschen oder richtigen Ort auf der Skala. Jede Position, die wir auf ihr einnehmen, ist in erster Linie einfach nur wahr und real. In zweiter Linie vielleicht beziehungsfördernder, beziehungsherausfordernder oder beziehungsgefährdender. Jede Positionierung, die ein Paar in die Akzeptanz führt, ist in Ordnung. Einzig das Paar bestimmt die Regeln und die Differenzierung seiner gelingenden Beziehung.

Nur wenn wir als erwachsene, reife Menschen die Fähigkeit zur Differenzierung und das Erleben von Differenz erlernen, akzeptieren und aushalten, gelingt Partnerschaft. Und wenn wir in einer Partnerschaft die anhaltende Dynamik von Differenzierung und Verschmelzung annehmen.

Wie schwierig das ist, erlebe ich regelmäßig in meiner Praxis: Paare, die Jahrzehnte in tiefer Bindung und hoher Verschmelzung gelebt haben, durchleben eine massive Beziehungskrise, weil einer den Wunsch äußert, von jetzt an einmal die Woche zwei Stunden nach der Arbeit etwas allein unternehmen zu wollen. Paare in hoher Differenzierung kommen zu mir, da ein Partner jetzt den Wunsch nach einer gemeinsamen Wohnung hat. Paare in hoher Verschmelzung kommen in einer massiven Krise zu mir, weil ein Partner krankheitsbedingt regelmäßig mehrere Tage im Krankenhaus ist und der andere zu Hause diese Tagestrennungen kaum verkraftet. Paare stehen vor Herausforderungen, weil ein Partner nach dreißig Jahren offener Beziehung das Bedürfnis nach mehr Verschmelzung mit seinem Hauptpartner spürt, der das aber gar nicht verstehen kann. Paare suchen therapeutische Hilfe, weil durch einen Umzug in eine andere Stadt das Autonomieerleben des einen Partners überfordert ist, während der andere genau an dieser Veränderung Gefallen findet. Paare wissen nicht mehr weiter, weil einer der beiden nach vielen Jahren sein Sexualverhalten ändert und plötzlich mehr oder weniger Sex als in der Zeit zuvor möchte.

All das sind Themen, die auf der Skala von Autonomie und Bindung ihren Ort und mit den Begriffen »Differenzierung« und

»Verschmelzung« ihre Dynamik haben und die wir auf dieser Skalierung erläutern können, um Paaren ein besseres Verständnis davon zu geben, was jenseits des konkreten Erlebens gerade passiert, um durch dieses Verständnis mit der konkreten Herausforderung besser umgehen zu können.

Hinzu kommt, wie schon im Kapitel über die unterschiedlichen lebensbiografischen Konstellationen erwähnt: Wir haben es auf der Skala zwischen Autonomie und Bindung auch immer mit einem jeweils verlangensschwächeren und einem verlangensstärkeren Partner zu tun.

Alles in Richtung Autonomie nenne ich wie viele meiner Kollegen »verlangensschwächer«. Alles in Richtung Bindung nennen wir »verlangensstärker«. Ein Partner mit einem Wunsch nach Heirat ist bindungsorientiert und verlangensstärker (bezüglich Bindung). Ein Partner mit dem Wunsch nach getrennten Wohnungen ist autonomieorientiert und verlangensschwächer (bezüglich Bindung). Da ich Paartherapeut bin und an gelingenden Partnerschaften und möglichen Wir-Verwirklichungen interessiert bin, ist die Zuordnung in Richtung Bindung hoffentlich nachvollziehbar. Hinzu kommt aber auch noch eine weitere Begründung dieser Zuordnung: Verlangensschwächere manifestieren ihre Position meist durch Verweigerung, Stillstand, Verschleppen, Aussitzen, Schweigen, Vertuschen, Verharren. Eine Veränderung der Beziehung ist in diesen Zeiträumen meist nicht sichtbar. Oder die Beziehung wird durch die Manifestation von autonomieorientiertem Verhalten erst einmal schwächer oder bleibt genauso schwach wie zuvor. Die Verwirklichung von verlangensstärkeren Wünschen hingegen geht immer einher mit Kommunikation, sichtbaren Veränderungen, einem Mehr von irgendetwas. Die Beziehung wird mit etwas weiterem bereichert oder erfüllt. Entsprechend versuchen auch meist die Verlangensstärkeren, eine paartherapeutische

Begleitung zu initiieren, oder suchen nach Wegen der Verbesserung innerhalb einer Beziehung, während Verlangensschwächere meist entweder gar nichts machen oder die Beziehung abbrechen.

Und diese Tatsache bedingt auch wieder, dass der Beziehungsalltag eines Paares immer primär vom verlangensschwächeren Partner geprägt wird. Ein Paar, bei dem ein Partner den Wunsch nach einer gemeinsamen Wohnung hat und der andere dezidiert nicht, wird nicht zusammenziehen. Ein Paar, bei dem ein Partner den Wunsch nach Heirat hat und der andere dezidiert nicht, wird nicht heiraten. Ein Paar, bei dem der eine Partner einmal im Monat Sex haben möchte und der andere dreimal die Woche, wird einmal im Monat Sex haben. Ein Paar, bei dem ein Partner eine Paartherapie machen möchte und der andere nicht, wird keine Paartherapie machen, spätestens nach dem Vorgespräch steigt der Verlangensschwächere wieder aus. Ein Paar, bei dem der eine Partner ein tantrisches Slow-Sex-Seminar machen möchte, um die bestehende Sexualität zu vertiefen, und der andere das kategorisch nicht machen möchte und stattdessen einen Besuch im Swingerclub vorschlägt, wird gar keine Veränderung erleben oder im Swingerclub enden, da der Verlangensstärkere und Bindungsorientiertere sich denkt: »Wenn mein Partner schon kein Slow-Sex-Seminar mit mir macht, gehe ich wenigstens mit ihm in den Swingerclub, um überhaupt eine Veränderung zu initiieren.« Ein Paar, bei dem der eine Partner das Bedürfnis nach einer gemeinsamen Zehn-Jahres-Lebensplanung hat und der andere nicht, wird diese Planung nicht machen. Und so weiter, und so fort. – Ich habe in meiner Praxis noch nie erlebt, dass die Beziehungswirklichkeit durch den verlangensstärkeren Partner geprägt wird. Es ist immer der Verlangensschwächere, der der Beziehung seinen Stillstandsstempel aufdrückt und den anderen meist in die Verzweiflung treibt.

Lassen Sie uns aber zurück zum Begriff der »Differenz« kommen: Unterschiedliche Bedürfnisse auf der Skalierung zwischen Autonomie und Bindung per se sind nicht das Problem. Das gravierendste Problem für eine Partnerschaft besteht vielmehr darin, dass Paare oftmals jenseits der Inhalte mit der Tatsache von Unterschieden, mit der Differenz an sich, nicht klarkommen. Also deutlicher das Vorhandensein der Differenz als Problem thematisiert wird als die Inhalte der Differenz.

Beginnen Sie entsprechend von jetzt an in einem ersten Schritt, die Erfahrung von Differenz in Ihrer Beziehung als Erfahrung von Normalität und von Realität wahrzunehmen. Sie verbessern dadurch Ihre Beziehung sofort deutlicher als durch den Versuch, die Differenz aufheben zu wollen, oder durch den Versuch, die Position des Gegenübers zu verteufeln, Ihren Partner der Irrationalität, des Irrtums zu überführen oder ihn von der Richtigkeit Ihrer Position (sowohl inhaltlich als auch auf der Skalierung) überzeugen zu wollen (hierzu im Folgekapitel mehr).

Differenz ist wahr. Differenz ist die Realität Ihrer Beziehung. Differenz ist die Realität aller Beziehungen.

Verabschieden Sie sich in einem zweiten Schritt von der Idee, die Auflösung beziehungsweise Aufhebung von Differenz müsste in einem Kompromiss oder in einem objektiven Schiedsspruch durch Dritte bestehen. Wäre also in den Vokabeln des Kapitels über die drei Aggregatzustände von Beziehungen eine Sache der Paargemeinschaft und damit eine Sache von Verhandlung oder Objektivität.

Verstehen Sie mich bitte nicht falsch: Natürlich kann ein Kompromiss in einer Beziehung gelingen, und eine funktionierende Beziehung zeichnet sich auch dadurch aus, dass täglich und permanent Mittelwege oder Kompromisse gelebt werden. Und natürlich finden wir manchmal auch objektiv sofort überzeugende Argumente, warum es sinnvoller ist, jetzt so oder so zu handeln. Das geht dann aber in Beziehungen meist derart schnell, dass Sie es gar nicht bemerken. Wenn Sie allerdings mit einem Thema und der Erfahrung von Differenz schon länger beschäftigt sind, sollten Sie davon ausgehen, dass das auch so bleibt und weder durch ein Wunder noch durch einen Paartherapeuten aufgelöst wird. Es gibt keine verbindliche Norm, die besagt, heiraten sei besser als nicht heiraten, dreimal Sex die Woche besser als einmal im Monat, jeden Tag gemeinsam abendessen besser als zweimal die Woche, ein gemeinsames Konto besser als getrennte Konten, Geld ausgeben besser als Geld sparen, Asienurlaub schöner als Alpenurlaub, Oralsex besser als Analsex. Und es gibt keine empirische Forschung darüber, dass Kompromisse in Summe Paare glücklicher machen. Was wir wissen, ist, dass Paare, die aufeinander eingehen und im unsichtbaren Wechselspiel einander immer wieder Wünsche erfüllen, in Summe glücklicher sind als Paare, die das nicht tun. Ein solches Verhalten ist aber kein Kompromiss, sondern ein liebevoller, freundschaftlicher, empathischer Akt, meinem Partner einfach seinen Wunsch zu erfüllen, egal, was ich mir gerade wünsche oder dazu denke.

Und prüfen Sie sich in einem dritten Schritt, welchen Beitrag zur Veränderung und Verringerung von Differenz Sie leisten wollen, also inwieweit Sie bereit sind, sich von Ihrem Standpunkt, Ihrem Wollen, Ihren Wünschen zu lösen, um die Dynamik der Differenz zukünftig anders zu gestalten und zu erleben. Denn auch wenn in den meisten Fällen Differenz nicht aufgelöst werden kann oder durch die Verpflichtung zu einem Kompromiss ihre Virulenz verliert, kann doch durch eigene innere Veränderung die Dynamik oder der Raum Ihrer gemeinsamen Differenz verändert werden, und oftmals sorgt diese kleine graduelle Veränderung, die einseitig initiiert werden kann, schon für ein qualitativ ganz anderes Erleben Ihrer Partnerschaft. Das heißt, der Raum oder die spezifische Differenz der Differenz macht den Unterschied zwischen einer Differenz, die okay ist, und einer Differenz, die uns belastet. Denn Differenz besteht immer, aber die überwiegende Anzahl meiner Differenzerlebnisse stört mich gar nicht (zum Beispiel wenn mein Partner heute eine Stunde vor mir ins Bett will, in diesem Jahr statt drei Wochen nur zwei Wochen Urlaub machen möchte, vom Geburtstag eines Freundes um 17.00 Uhr statt um 18.00 Uhr nach Hause fahren möchte, zweimal statt dreimal die Woche mit mir schlafen will, snowboarded statt Ski fährt, Death Metal statt Thrash Metal hört, 50 Cent statt 2Pac, Helene Fischer statt Andrea Berg, Schostakowitsch statt Prokofjew, Mahler statt Bruckner, 3,8-prozentige statt 1,5-prozentige Milch trinkt, lieber Gin als Wodka, lieber Rot- statt Weißwein und so fort). Daneben aber gibt es ein Differenzerleben, das Sie umtreibt, in Ihren Grundfesten erschüttert, Sie zweifeln lässt, Sie traurig macht, Sie wütend macht, Sie ängstigt. Das weiß ich, weil ich auch ein Mensch bin und diese Erfahrung mit Ihnen teile, und das weiß ich, weil Sie dieses Buch in Händen halten und das bestimmt nicht aus Langeweile tun, sondern weil Sie Antworten auf Ihre Herausforderungen suchen, um Anregungen, Impulse, Veränderungen zu erzielen, um Ihr Erleben als Paar zu verbessern, einen Unterschied zu machen.

Die Normalität ist: Es gibt in Partnerschaft Differenz, es gibt frustrierendes Erleben hinsichtlich spezifischer Themen, und dieses Erleben begleitet Sie schon eine ganze Weile. Deshalb sollten Sie motiviert sein, etwas daran zu verändern; und diese Veränderung beginnt mit Ihnen und nicht mit Ihrem Partner. Und diese Veränderung kann darin bestehen, dass Sie Ihre Position auf der Skala verändern, näher in Richtung der Position Ihres Partners rücken, egal, ob der bezüglich spezieller Fragen mehr in Richtung Autonomie oder mehr in Richtung Bindung tendiert. Sie müssen Ihrem Partner nicht auf halbem Weg entgegenkommen oder seine Position übernehmen, es muss also weder ein fairer Kompromiss noch eine Verschmelzung sein, das ist alles gar nicht nötig. Eine kleine Bewegung reicht schon aus, denn dadurch verändern Sie den Raum Ihrer Differenz, die Dynamik Ihrer Differenz; und das kann überraschend dazu führen, dass sich diese Differenz plötzlich besser anfühlt als zuvor und dadurch ihre Schärfe, Härte, Größe verliert. Und das ist sehr, sehr viel an Veränderung und an Beziehungsqualität, die Sie dadurch gewinnen.

Es geschieht zum Beispiel dadurch, dass Sie mit der Position Ihres Partners einfach liebevoller, akzeptierender, anerkennender umgehen sowie die Möglichkeiten Ihrer eigenen inneren Varianzen ausloten und sich nicht mehr so hart gegenüber Ihrem Partner positionieren. Denn immerhin ist das anscheinend immer noch der Mensch, den Sie lieben und mit dem Sie sich täglich entscheiden, in Partnerschaft zu leben. Da wäre es aus meiner Sicht ziemlich partnerschafts- und selbstschädigend und nicht sonderlich clever, jeden Tag eine Strategie zu fahren, eine Position zu beziehen, die nach Ihrer eigenen Erfahrung keinerlei positive Veränderung oder positives Paarerleben mit sich gebracht hat. Die Entscheidung liegt bei Ihnen.

Erst nachdem Sie also
a) die Tatsache von Differenz radikal in die Akzeptanz geführt haben,
b) sich davon verabschiedet haben, dass Sie Ihrem Partner erklären müssen, was richtig und normal in einer Beziehung ist,
c) die Idee aufgegeben haben, dass die Lösung einer Differenz immer Verschmelzung, ein Mittelweg oder Kompromiss sein muss, und
d) Ihre inneren psychologischen Freiheitsräume genutzt und sich intensiv mit Ihrem Potenzial für die Veränderung des Raumes

und der Bewertung der Differenz beschäftigt haben, um dadurch eigenständig und ohne Unterstützung des Partners die Paardynamik Ihrer Differenz zu verändern,

erlaube ich Ihnen, sich über die dann erlebte Differenz zu beschweren und sie als Krisenmerkmal oder beziehungsgefährdend zu betrachten. Meist machen wir dies aber vorab, ohne uns ernsthaft mit den Punkten a) bis d) auseinandergesetzt zu haben; und dadurch machen wir es uns zu einfach, weil wir die Lösung unserer Herausforderung, unserer als unerträglich und belastend empfundenen Differenz im Außen beziehungsweise beim Partner suchen, wo sie aber nicht zu finden ist.

Bevor Sie jetzt in den Widerstand gehen und das Buch in die Ecke werfen: Das gilt natürlich auch für Ihren Partner, von dem erwarte ich die gleiche innere Arbeit und Beschäftigung.

Und: Ich erwarte nicht, dass Sie das, was Sie dann erleben, toll finden. Oder mit einem Verhaltenstherapeuten alter Schule dann das Schöne im Schlechten oder die Chance im Neuen suchen. Sie dürfen das ruhig »semi-toll«, herausfordernd, belastend, nervig finden. Ich sage Ihnen nur: Partnerschaft ist immer wieder semi-toll, herausfordernd, belastend, nervig. Aber das ist kein Grund, eine Beziehung infrage zu stellen oder sich permanent zu beschweren. Das ist einfach so, weil Menschen unterschiedlich sind und Partnerschaft nicht zum Zweck hat, dass singulär die ureigensten Wünsche erfüllt werden, sondern dass sie auch eine Herausforderung und eine großartige Wachstumschance ist, gemeinsam etwas überraschend Tolles zu erleben, was man sich allein nicht hätte ausdenken können und wozu es das Vehikel Partnerschaft bedarf.

Sie dürfen sich jederzeit entscheiden, eine Partnerschaft zu beenden, weil Sie nach reiflicher Überlegung und Reflexion, nach intensiven Gesprächen, nach der Lektüre vieler Bücher über Beziehungen, nach reichlich initiierten Veränderungen, nach diversen Versuchen zu der Überzeugung gekommen sind, dass der Preis, den Sie bezahlen, um diese Partnerschaft aufrechtzuerhalten, höher ist als der Gewinn, den Sie haben. Ich erlebe nur immer wieder Menschen, die der Meinung sind, Sie müssten für eine Partnerschaft gar keinen Preis zahlen und hätten ein Recht auf Gewinn ohne Preis. Das ist falsch, und davor möchte ich warnen, weil dadurch in dieser Welt weitaus mehr kaputt gemacht als geheilt wird.

Bevor wir zum folgenden Kapitel kommen, das eng mit diesem verbunden ist, möchte ich Sie noch einmal bitten innezuhalten.

Sie wissen jetzt, dass das Erleben von Differenz nicht Ihr Problem, sondern Ihre Wahrheit und Ihre Realität ist und die Wahrheit und die Realität aller Menschen in Beziehungen. Differenz ist Normalität.

Sie wissen etwas über Ihr eigenes Verhalten vor Ihrer aktuellen Beziehung und können sich als eher autonomieorientierten oder als eher bindungsorientierten Menschen einordnen. Sie können dies auch für verschiedene Lebensphasen oder Lebensbereiche tun. Sie können zum Beispiel bis zu Ihrem dreißigsten Geburtstag eher autonomieorientiert gelebt haben und danach bindungsorientiert. Sie können zum Beispiel beruflich bindungsorientiert und in privaten Beziehungen autonomieorientiert agieren. Sie können Freundschaften eher autonomieorientiert organisieren und Liebesbeziehungen eher bindungsorientiert und so weiter. Sie wissen das Gleiche über Ihren Partner.

Sie können all Ihre Konflikte, Probleme und Herausforderungen in Ihrer Beziehung auf der Skalierung positionieren und sehen dabei, wie anhaltend dynamisch und vielseitig Ihre Beziehung ist, und Sie begreifen, dass es für Sie und Ihren Partner dabei selten um die spezifischen Inhalte des Konflikts geht, sondern immer um die jeweilige psychische oder physische Notwendigkeit, das Bedürfnis nach Autonomie oder Bindung in einer Partnerschaft zu manifestieren.

Sie wissen, dass der einzige Weg der Veränderung des Konflikts Akzeptanz der Differenz und innere Arbeit ist, seine eigenen Antworten auf die Herausforderung zu überprüfen und zu verändern. Nur dadurch kommt verlässlich Änderung in Ihre Beziehung.

Sie wissen, dass oftmals schon ein kleiner Schritt, ein gradueller Unterschied, den Sie selbst initiieren müssen, die Qualität Ihrer Differenz und damit Ihrer Beziehung verbessern kann, weil es den Raum und die Dynamik Ihrer Differenz verändert und das vielleicht schon genügt. Und Sie wissen, dass ich mir dies auch von Ihrem Partner erhoffe. Falls der aber nicht bereit dazu ist, können Sie Ihre Beziehung auch allein verbessern. Das geht. Auch wenn wir das erst einmal nicht fair finden. Aber es bleibt dabei: Beziehung muss nicht immer fair und kann trotzdem toll und erfüllend sein. Das entscheiden Sie.

Liebe und Partnerschaft im Spannungsfeld zwischen Gerechtigkeit und Frieden
oder Warum es in Partnerschaften nicht um Vernunft, Mittelwege oder Kompromisse geht

|————————————————————————|

Gerechtigkeit   Frieden

Kommen wir nun zu dem zweiten Begriffspaar, das ich Ihnen vorstellen möchte. Diesmal finden Sie als Pole einer weiteren Skalierung das Wort »Gerechtigkeit« ganz links und das Wort »Frieden« auf der rechten Seite. Was bedeutet das?

Wie schon mehrfach erwähnt wurde, orientieren sich verbale Kommunikation und Verhalten in Paarbeziehungen im Alltag eines Paares extrem an der Idee von Gerechtigkeit. Ich nenne solche Gespräche »Gerechtigkeitsdiskurse«. Diese klingen in Variationen so: »Bevor ich dir wieder vertrauen kann, müssen wir erst X oder Y klären«, »Wir müssen noch mal über unseren Streit von vor drei Wochen sprechen«, »Wenn du mich lieben würdest, könntest du jetzt nicht einschlafen«, »Bevor ich nicht Folgendes von dir erfahren habe, kann ich dir nicht vertrauen/dich nicht mehr lieben«, »Das ist doch nicht normal, was du da forderst oder dir wünschst«, »So kann man das doch überhaupt nicht sehen«, »Das verzeihe ich dir nie«, »Das hat doch mit einer guten Beziehung nichts zu tun«, »Das ist ja krank, was du dir vorstellst«, »Das hat mit einer Beziehung auf Augenhöhe nichts zu tun«, »Entweder du akzeptierst das, oder wir lassen es«, »Entweder du veränderst dein Verhalten, oder wir finden keinen Weg«, »So können wir nicht miteinander reden«, »Wir können über alles reden, aber nicht in diesem Ton«, »Ich spreche mit dir erst wieder, wenn du dich beruhigt hast«, »Es kann doch nicht sein, dass ich all das mache und du all das ignorierst oder du gar nichts machst«, »Wenn ich mir das wünsche, dann erlaube ich dir das doch auch. Das ist doch nur fair«, »Wenn du das machst, dann mache ich das«, »Wenn du nicht mit mir redest, dann rede ich auch nicht mit dir« – und so weiter.

Paare sind regelrecht besessen von Gerechtigkeitsdiskursen. Alles muss verhandelt werden, alles muss besprochen werden. Jede eigene Überzeugung wird dem Partner gegenüber so lange referiert, objektiviert, mit der Meinung von besten Freunden oder wissenschaftlichen Belegen angereichert, bis … ja, bis was denn? Bis der andere kapituliert und sagt: »Du hast recht. Du hast mir die Augen geöffnet. Wie konnte ich bislang nur so blind, so unwissend sein und das nicht so sehen?«

Das ist die Krux, das Fatale, die Falle von Gerechtigkeitsdiskursen. Wir führen diese Gespräche nicht, um unseren Partner zu informieren, ihn an unseren Gedanken und Haltungen teilhaben zu lassen oder um ihn und seine Gedanken und Haltungen besser zu verstehen (siehe hierzu dann zentral das Folgekapitel mit den »sieben simplen Wahrheiten über Kommunikation«), sondern wir führen diese Gespräche, um den anderen zu überzeugen, diskursiv zu übermächtigen, ihn kleinzumachen und ihn seine Unwissenheit, sein Fehlverhalten einsehen und eingestehen zu lassen. Unser Partner soll begreifen, dass wir selbst recht haben und er nicht; und er soll in Sack und Asche um Verzeihung, um Vergebung bitten und sich zukünftig nie wieder so verhalten oder so äußern. Das kann inhaltlich vom verabsäumten Gutenachtkuss über angebliche Normalitäten in Beziehungen, die erst dann überhaupt eine Beziehung seien, und Sexualpraktiken bis zu der vermeintlich evolutionär vorgesehenen Polygamie der Menschen und der Unmöglichkeit der Monogamie reichen. Es geht also gar nicht nur um Gerechtigkeit oder einen fairen Deal, sondern auch und primär darum, dass mein Partner endlich einsieht, dass ich recht habe und er unrecht. Und dass meine Meinung zum Thema die richtige ist und seine die falsche. Solange wir das nicht erreicht haben, geben wir nicht auf und führen die gleichen Gespräche wieder und wieder. Unser einziger Strategiewechsel besteht vielleicht darin, dass wir die Gespräche über die Wochen, Monate, Jahre schneller, lauter, intensiver, schreiender, knalliger, unbarmherziger, strenger, frustrierter, genervter führen, weil wir glauben, dadurch den anderen von unseren Argumenten überzeugen zu können. – Und ich sage Ihnen: Gerechtigkeitsdiskurse sind durch und durch sinnlos. Wenn Sie Ihre Beziehung ganz schnell verbessern wollen, sollten Sie solche Gespräche sofort einstellen.

Verstehen Sie mich bitte auch hier nicht falsch: Natürlich gibt es funktionierende Gerechtigkeitsgespräche. Natürlich gibt es immer wieder Themen, bei denen Argumente meinen Partner oder mich überzeugen. Aber wie auch schon im Kapitel zuvor erwähnt: Solche Gerechtigkeitsdiskurse gehen so schnell, dass Sie gar nicht merken, wenn sie stattfinden; und wegen solcher Erfahrungen kommen die Paare auch nie in meine Praxis. Sie kommen, um mit mir über all die Themen zu sprechen, bei denen sie gemeinsam mittel- und langfristig keine Veränderung, keine Lösung, keine Einsicht erreichen.

Warum führen wir so obsessiv solche Gerechtigkeitsdiskurse, die nie ein gutes Ende nehmen? Einerseits, weil unsere ganzen ande-

ren sozialen Systeme auf dem Glauben derartiger Diskurse aufbauen, solcherart Gespräche also unser Leben lang gelebte Praxis
sind. Wir lernen und üben in der Schule, im Studium, in der Aus-
bildung, im Beruf, in der Politik, in der Wissenschaft, dass das bessere Argument, die Fakten, die Empirie, das Wissen, der Monolog,
der Wortschwall, die Rhetorik ein Wert an sich darstellen und die
bestmögliche Kombinatorik von alldem uns zum Sieger einer Auseinandersetzung macht. Andererseits aber auch, weil wir nicht nur
unser Gegenüber von unserem Standpunkt überzeugen wollen,
sondern weil wir außerdem denken: »Wenn wir beide als Paar
diesen Konflikt endlich in meinem Sinne gelöst haben, dann wird
unserem Paarglück in den nächsten Jahrzehnten nichts mehr im
Wege stehen. Denn wenn wir diese Krise nach meinen Vorstellungen – die ja objektiv richtig sind und die mein Partner einsehen
muss – gelöst haben, können wir endlich und auf ewig glücklich
sein. Was soll uns dann noch auseinanderbringen nach all dem,
was wir schon gemeinsam erlebt und durchgemacht haben?«

Genau diesem magischen Denken sind wir verfallen, wenn wir das
Thema X oder das Thema Y immer wieder auf die Agenda unseres
Paaralltags holen und uns dabei jedes Mal unendlich in die Wolle
bekommen und immer wieder frustriert und ermattet kapitulieren,
weil wir merken: Unser Partner bleibt bei seinem Standpunkt, so
wie wir bei dem unseren bleiben. Und nach solch einem Gespräch
oder Streit steht dann eben nicht die Erfahrung von vertiefender
Bindung, wie erhofft, sondern von höherer Entfremdung und stärkerer Autonomie. Und das ist der eigentliche Clou dieser Skalierung: Sie ist an die Skalierung mit den Begriffen »Autonomie«
und »Bindung« gekoppelt und hat immer parallele Auswirkungen
auf diese.

Legen Sie die beiden Skalen jetzt gedanklich entsprechend untereinander: Sie haben nun zwei Skalierungen. »Autonomie« und

»Gerechtigkeit« stehen links, »Bindung« und »Frieden« stehen rechts. »Autonomie« und »Gerechtigkeit« bilden ein Paar, und »Bindung« und »Frieden« bilden ein Paar. Das ist die Wahrheit einer Beziehung. Das ist die Wahrheit jeder Beziehung.

Wenn Sie permanent an der Idee von Gerechtigkeit festhalten, entsprechend Gespräche führen und dabei den Gedanken haben, dass Sie dadurch eine vertiefende Bindung erreichen, wenn Ihr Partner endlich einsehen würde, dass Sie recht haben und er nicht, dies aber nicht geschieht, und jeder auf seiner Position verbleibt, erleben Sie am Ende Frust, Kälte, gegenseitiges Abwenden, damit verstärkte Autonomie und das Gegenteil von Partnerschaft. Wir nutzen eine falsche Strategie, um als Paar vertiefende Bindung und Zufriedenheit zu erreichen. Erreichen mit dieser falschen Strategie nicht etwa nichts, sondern genau das Gegenteil. Und halten an dieser Strategie stoisch fest, obwohl wir täglich empirische Beziehungsdaten sammeln, die uns sagen: So klappt das nicht. Das ist in Summe die zusätzliche Kernbotschaft der beiden Skalierungen, wenn wir sie untereinanderstellen.

Was wäre dann eine Lösung, die uns einer vertiefenden Bindung näherbrächte? Nun, da müssen Sie einfach nach rechts schauen, und da steht »Frieden«.

Frieden heißt nicht: »Du hast recht, und ich habe meine Ruhe.« Denn das wäre Abwehr, Nichtakzeptanz, Ignoranz, Vermeidung und alles in allem ein echter Beziehungskiller. Frieden heißt auch nicht schweigen. Ich gehe in diesem Kapitel davon aus, dass Sie und Ihr Partner Ihre Differenz kennen. Die Themen und die Positionen sind bekannt. Die Wahrheit liegt schon auf dem Tisch. Sie haben die Themen schon rauf- und runterdiskutiert. Kennen jedes Argument und jede Taktik Ihres Partners. Und jedes Argument und jede Taktik Ihres eigenen Verstandes. Ich lasse mir zum Beispiel in der ersten Sitzung einer Therapie von den Paaren immer aufschreiben, welche Veränderungen ihr Partner sich von ihnen wünscht. Noch nie hat ein Paar diesbezüglich aneinander vorbeiagiert oder gesagt: »Keine Ahnung.« Alle schreiben mit traumwandlerischer Sicherheit die entscheidenden Veränderungswünsche des Partners auf und sagen dann, dass sie aber keine Lust haben, diese zu erfüllen. Mehr darüber zu reden hilft dann auch in einer Paartherapie nicht.

Und selbst wenn Sie nichts übereinander wüssten, haben Sie ja spätestens im Kapitel »Die drei Ebenen von Information …« alle nötigen Daten Ihrer Partnerschaft gesammelt. (Über den Umgang mit eventuell nicht besprochenen Themen erfahren Sie dann mehr im folgenden Kapitel. Nicht besprochene Themen sind aber nur ganz selten Anlass für eine paartherapeutische Begleitung, denn das Paar weiß ja nichts von diesen Themen.)

Frieden heißt: »Ich akzeptiere deinen Standpunkt, auch wenn ich ihn nicht teile. Ich anerkenne, dass wir uns hier nicht einig sind, und ich versuche, damit möglichst gut umgehen zu können. Ich weiß, dass wir darüber offen und ehrlich in größter Wahrhaftigkeit miteinander gesprochen haben, und ich weiß, dass wir hierzu anderer Meinung sind. Und ich entscheide mich, mit dieser Differenz zu leben und damit klarzukommen.« Hier gilt also dann wieder all das, was ich Ihnen im Kapitel zuvor ausgiebig erläutert habe. Das ist Frieden. Frieden ist Akzeptanz, Anerkennung, die Liebe zur Realität und nicht die Obsession, an einer idealen Traumwelt festzuhalten, die sich anhaltend nicht manifestieren will.

Und auch in diesem Modell und mit diesen Begrifflichkeiten merken Sie, warum es in Partnerschaften nicht um Vernunft, Mittelwege oder Kompromisse gehen kann, wie ich es schon mehrfach in diesem Buch erwähnt und erläutert habe.

Weil Differenz die Normalität und nicht die Ausnahme ist.

Weil Gerechtigkeitsdiskurse nie zu vertiefender Bindung, sondern immer zu stärkerer Autonomie führen.

Weil Gerechtigkeit nicht die Lösung, sondern das Problem ist. Weil Gerechtigkeit nicht das Paradies, sondern das Labyrinth ist, in dem wir uns verlaufen haben.

Weil es keine höhere Vernunft oder objektive Instanz gibt, die Ihre Meinung besser als die Ihres Partners macht.

Weil Beharren auf Vernunft und Gerechtigkeit sinnlos kräftezehrend ist und am Ende nur genervte, ausgelaugte Paare zurücklässt, die sich in ihre Autonomiezonen zurückziehen, um sich vom Kampf, vom Disput, vom Streit zu erholen, und weil so kein vertiefendes Bindungserleben gelingen kann.

Weil Sie Mittelwege und Kompromisse in den Bereichen, in denen sie in Ihrer Partnerschaft möglich sind, meist von ganz allein automatisch und unmerklich finden. Das ist aus diesem Grund nicht Gegenstand Ihrer Paarproblematik oder eine Herausforderung, sondern Teil Ihrer gelingenden Partnerschaft. Diesbezüglich brauchen Sie von mir keine Unterstützung, weil Sie das allein schon sehr gut hinbekommen.

Und auch mit diesen Begriffen haben Sie natürlich jede Freiheit zu sagen: »Auf die Art von Beziehung habe ich keine Lust. Wenn meine Beziehungsrealität darin bestehen soll, dass ich all das, was sich mein Partner wünscht, einfach akzeptiere und in den Frieden führe, dann hat das nach meiner Meinung nichts mehr mit einer Beziehung zu tun, wie ich sie führen will.« Das ist absolut legitim.

Was ich Ihnen in den beiden Kapiteln mit den Skalierungen von Autonomie und Bindung, von Gerechtigkeit und Frieden und mit den Zusammengehörigkeiten von Gerechtigkeit und Autonomie sowie von Frieden und Bindung nur näherbringen wollte, ist die Tatsache, dass das meiste, was Paare als ihr Problem definieren – nämlich die Differenz –, eben nicht ihr Problem, sondern ihre Normalität und daran nichts Schlimmes ist. Und dass ein wichtiger Schritt zur Verbesserung Ihrer Beziehung darin besteht, diese Differenz konsequent als Ihre Normalität zu akzeptieren. Dass es an Ihnen liegt, durch höhere Akzeptanz dieses Umstands und durch tieferen Frieden vertiefende Bindung in Ihrer Partnerschaft zu schaffen und nicht, indem Sie Ihre Herausforderungen und Themen, in denen Sie Differenz erleben, permanent beleuchten, besprechen und in einen fairen Kompromiss oder eine Verschmelzung führen wollen, die Ihrer Vorstellung entspricht.

Denken Sie auch immer daran: Was ich mir von Ihnen erwarte, erwarte ich ideal auch von Ihrem Partner; und in der Konsequenz der Aneignung dieser Gedanken durch ein Paar erlebe ich in der therapeutischen Praxis Befriedung und Bewegung. Vielleicht nicht die Bewegung, die sich ein Partner ursprünglich erhofft hatte, als er die Initiative zur Paartherapie ergriff (»Lieber Therapeut, machen Sie bitte, dass mein Partner alles so macht, wie ich das will. Danke, Ihr Verlangensstärkerer«), aber Bewegung auf beiden Seiten, die den Raum und damit die Dynamik Ihrer Herausforderung verändert und verbessert, obwohl die grundlegende Erfahrung von Differenz bleibt. Und das genügt schon oft.

Mit den Begriffen von »Gerechtigkeit« und »Frieden« und dem Blick auf Kommunikation könnten Sie jetzt problemlos ins folgende Kapitel gleiten, da dieses ebenfalls zentral von Kommunikation handelt. Ich möchte Sie aber bitten, hier und jetzt innezuhalten und die beiden Kapitel mit den Begriffspaaren »Autonomie« und »Bindung« beziehungsweise »Gerechtigkeit« und »Frieden« als Einheit zu denken. Diese beiden Kapitel gehören zusammen und sollten immer gemeinsam gedacht werden. Was wäre, wenn diese zwei Kapitel die einzigen Werkzeuge auf der Welt wären, mit denen Sie Ihre Beziehung betrachten und verbessern könnten? Wie verändert sich dadurch der Blick auf Ihre Beziehung und Ihr Erleben? Und welche neuen Handlungsmöglichkeiten, welche neuen Denkmuster kommen dadurch für Sie in Betracht?

Alles anders: Hosen runter, Herzen auf, Ruhe bewahren!
oder Sieben simple Wahrheiten über Kommunikation und warum Sie keinen Wochenendkurs in »Besser streiten« belegen müssen

Wir gehen jetzt noch einmal etwas intensiver in das Thema »Kommunikation« und schauen uns gemeinsam an, wozu verbaler Austausch und Sprache in Partnerschaften eigentlich da sind und was damit möglich oder auch nicht möglich ist. In diesem Kapitel werde ich Kommunikation mit anderen Begriffen erläutern als im vorhergehenden. Und dieses Kapitel wird eine große Herausforderung für Sie. Nicht, weil ich hier so komplexe Dinge verhandeln werde, sondern weil wir alle bezüglich Kommunikation und Sprache Erfahrungen, Muster, Überzeugungen haben, denen wir stärker anhaften als vielen Überzeugungen und Mustern aus anderen Lebens- und Partnerschaftsbereichen. Hier ist also Ihre psychologische Flexibilität maximal gefordert.

Vergessen Sie ganz einfach alles, was Sie über Kommunikation zu glauben wissen, was Sie bislang praktizieren oder wovon Sie überzeugt sind, dann werden Sie mit diesem Kapitel die größten Fortschritte und Erfolge für Ihre Partnerschaft erzielen.

Bevor wir alles vergessen, was wir kennen und für richtig halten, aber noch ein paar Fakten, die Sie gern weiterhin behalten dürfen. Die also nicht schaden, wenn man sie im Hinterkopf behält.

Ja, es ist sinnvoll, Kommunikation in der Partnerschaft mit dem berühmten Vier-Ohren-Modell zu betrachten. Jeder gesprochene Satz in einer Beziehung hat eine Sachebene (»Worüber sprechen wir?«), eine Selbstauskunftsebene (»Was offenbare ich dadurch über mich?«, zum Beispiel »Ich weiß es nicht«), eine Beziehungs-ebene (»Wie stehen wir zueinander?«, zum Beispiel »Ich traue dir eine Antwort/Lösung zu oder auch nicht«) und eine Appellebene (»Was will ich von dir?«, zum Beispiel »Rette mich« oder »Lass mich in Ruhe«). Während der Absender glaubt, primär eine Infor-mation auf der Sachebene zu senden, glaubt der Empfänger, pri-mär eine Information auf der Appellebene zu hören. Allein da-durch geraten Paare regelmäßig in Streit. Richtig und wichtig ist, immer daran zu denken, dass zwischen Absender und Empfänger stets alle vier Ebenen gleichzeitig ausgetauscht werden bezie-hungsweise alle vier Ohren aktiv sind.

Ja, es ist sinnvoll, Ich-Botschaften zu senden statt Du-Botschaften.

Ja, es ist sinnvoll, sich vor Augen zu halten, dass die Wahrheit einer Botschaft beim Empfänger entsteht und trotzdem die Verantwor-tung der Botschaft beim Absender verbleibt. Wenn eine verbale Botschaft verletzt, dann muss der Absender für Heilung sorgen, auch wenn er sich in der Aufnahme der Ursprungsbotschaft beim Empfänger missverstanden fühlt.

Ja, es ist sinnvoll, die vier apokalyptischen Reiter der Kommunika-tion – Kritik, Abwehr, Verachtung und Rückzug – zu kennen und zu vermeiden.

Und ja, es ist sinnvoll, in einer liebevollen Partnerschaft fünfmal mehr positive Interaktion und lobende Kommunikation zu praktizieren als negative Interaktion und Kritik.

Allein: Wenn Sie all das bedenken und praktizieren, wird nur dadurch kein glückliches und zufriedenes Paar aus Ihnen. Es gibt Paare, die sind Weltmeister im Richtig-miteinander-Reden und trotzdem unglücklich, und es gibt Paare, die streiten sich vermeintlich völlig falsch und sind dennoch glücklich miteinander. Was Sie zu einem glücklichen und zufriedenen Paar macht, ist die Bereitschaft, einander glücklich und zufrieden machen zu *wollen*, einander also in wirklicher liebevoller Freundschaft zugeneigt und verbunden zu sein, und darüber hinaus die Fähigkeit, miteinander auch in Gemeinschaft und Leidenschaft zu harmonieren. Und das wiederum ist keine Frage von Technik oder von Kommunikationsregeln, sondern eine Frage der inneren Freiheit, der Selbststeuerung, der Affektkontrolle und damit eine Frage der Entscheidung, ja zu einem liebevollen, supportiven Miteinander zu sagen (siehe die Kapitel »Was Partnerschaft ist ... Die drei Aggregatzustände einer gelingenden Beziehung« und »Wertearbeit in der Partnerschaft ...«).

Auch die großen empirischen paartherapeutischen Forscher vertreten vehement die Auffassung, dass zum Gelingen einer Beziehung keine Kommunikationstechniken, sondern einzig die innere Haltung zu meinem Gegenüber das Entscheidende ist. In Ergänzung zu dieser Grundvoraussetzung bieten sie gern noch Übungen zur Technik an, die aber das Sahnehäubchen und nicht das Fundament darstellen. In der paartherapeutischen Praxis bleiben dann aber oft nur noch diese Übungen übrig, und die konstituierende Vorannahme geht verloren. Warum ist das so? Weil Techniken übbar, wiederholbar, präsentierbar sind. Entsprechend finden Sie in jeder Stadt an jedem Wochenende einen Technikkurs zu »Besser streiten«, wo Sie das Vier-Ohren-Modell, Ich-Botschaften, gewaltfreie Kommunikation et cetera lernen. Das bringt nur nichts, wenn Sie einander nicht mögen. Und einander zu mögen, einander mit Respekt und Liebe und in tiefer Freundschaft zu begegnen ist eine Entscheidung. Eine Entscheidung, für die Sie keinen Wochenendkurs besuchen müssen. Eine Entscheidung, die Sie jetzt, hier und heute treffen und nach der Sie sofort leben und lieben können. Wenn Sie aber dazu weder in der Lage noch willens sind, nutzen Ihnen alle Techniken nichts.

Jenseits der maßgebenden Entscheidung, einander in Freundschaft und Liebe auch in der verbalen Kommunikation zu begegnen, gibt es folgende grundlegende innere Entscheidungen, die Sie jetzt und sofort fällen können und die Ihre gemeinsamen Gespräche und Ihre Beziehung unmittelbar verbessern.

1. Kommunikation ist Austausch subjektiver Wahrheiten

Verabschieden Sie sich von der Idee, Kommunikation und Sprache hätten etwas mit Objektivität und Vernunft, Richtig oder Falsch zu tun – Sprache und Kommunikation dienen einzig und allein dem Zweck, unsere subjektiven Bedürfnisse und subjektiven Meinungen darzustellen. Wenn wir sichergehen können, dass unser Partner unsere Subjektivität sieht und versteht, hat Sprache ihren Dienst erledigt, egal, was unser Partner dann mit diesem Wissen anfängt.

Verabschieden Sie sich von der Idee, durch Kommunikation irgendetwas jenseits von Information erreichen zu wollen oder zu können. Das geschieht, oder es geschieht nicht, liegt jedoch nicht in Ihrer Macht und nicht in der mehr oder weniger raffinierten oder richtigen Anwendung von Sprache, Argumenten, Rhetorik, Wiederholung, Lautstärke oder Techniken.

Verabschieden Sie sich von der Vorstellung, Kommunikation und Sprache wären Werkzeuge, um unseren Partner von der Richtigkeit unserer Position zu überzeugen. Denken Sie an die zentrale Idee der psychologischen Flexibilität: Mit dieser Idee im Gepäck ist ein Mensch, der kommunikativ durchsetzungsstark ist, ein Mensch, der verhaltensschwach ist, weil dieser Mensch nur eine Lösung kennt und versucht, diese unbedingt durchzusetzen. Das ist ein sehr kleinkindliches Verhalten und der Versuch, es sich zu einfach zu machen.

2. Kommunikation ist gegenseitige Information

Entscheiden Sie sich jetzt dafür, Ihre Paarkommunikation zukünftig nur noch als eine gegenseitige Informationstechnik zu betrachten und nicht mehr als Überredungstechnik, Überzeugungstechnik oder Überrumpelungstechnik. Kommunikation verfolgt kein weiteres Ziel, außer einander darüber zu informieren, wie wir über das Thema X oder Y denken, welche Bedürfnisse oder Wünsche, welche Meinung wir hierzu oder dazu haben. Miteinander zu sprechen ist Informationskommunikation, ist Informationstechnik, nicht mehr, aber auch nicht weniger. Die zentralen Fragen, die ich mir dabei selbst immer wieder stellen muss, lauten: »Kann ich sichergehen, dass mein Partner meinen Standpunkt kennt?«, »Kann ich sichergehen, dass ich den Standpunkt meines Partners kenne?«, »Was können wir noch tun, um uns gegenseitig darüber zu informieren, wie wir zur Sache X oder zum Thema Y stehen?«. Und beachten Sie bitte: Da steht nicht, dass mein Partner meinen Standpunkt übernimmt, dass er etwas genauso sieht wie ich oder mit mir übereinstimmt. Wenn Sie weiterhin daran festhalten, dies von Ihrer Paarkommunikation zu erwarten, sind Sie verloren. Auch und besonders in der verbalen Kommunikation ist die grundlegende Erfahrung immer eine Erfahrung von Differenz.

Heißen Sie die Differenz in Ihrer Paarkommunikation willkommen, und bekämpfen Sie sie nicht. Differenz ist nicht das Problem, sondern die Lösung. Differenz ist Ihre Wahrheit. Ihre Liebe ist Differenz, und das ist gut so.

Entscheiden Sie sich jetzt dafür, in Ihrer Kommunikation nur noch Informationstechnik einzusetzen und damit reine Informationskommunikation in Ihrer Partnerschaft zu etablieren statt einer Gerechtigkeitskommunikation, Überzeugungskommunikation, Überrumpelungskommunikation (siehe hierzu vertiefend nochmals das vorhergehende Kapitel »Liebe und Partnerschaft im Spannungsfeld zwischen Gerechtigkeit und Frieden ...«). Und beobachten Sie sich sehr streng selbst dabei, wie Sie aktuell in Ihrer Paarkommunikation Ihren Partner unterbrechen, ihm widersprechen, sich verteidigen, ihn provozieren und so weiter. Und damit genau das tun, was Sie von jetzt an stoppen.

3. Kommunikation ist Wahrhaftigkeit

Entscheiden Sie sich jetzt dafür, Kommunikation zukünftig als Wahrhaftigkeitskommunikation zu betrachten. Kommunikation muss dem Zweck dienen, einander besser kennenzulernen. Wir müssen voneinander als Paar und Partner wissen, wer wir sind, was wir uns wünschen, wonach wir uns sehnen, welche Ängste und Sorgen, welche Ideen, Lüste und Visionen wir haben. Unser Partner, unsere Partnerschaft hat unsere Wahrhaftigkeit und unsere ganze subjektive Wahrheit verdient.

Oftmals verpassen es Paare, über die wesentlichen Dinge miteinander zu sprechen. Wir wissen nicht, wer unser Partner ist, wenn wir krank sind oder bedürftig. Wir wissen nicht, wer unser

Partner ist, wenn wir ihn betrügen. Wir wissen nicht, wer unser Partner ist, wenn wir plötzlich Distanz oder Abstand auf Zeit suchen. Wir wissen nicht, wer unser Partner ist, wenn wir plötzlich mehr Nähe und mehr Sicherheit suchen als bislang. In der Paartherapie nennen wir solche Konstellationen »Kollusionen«. Kollusionen sind geheime Vereinbarungen, die unausgesprochen eine Beziehung definieren, die aber mindestens einem Partner und damit der Partnerschaft nicht bewusst sind. Der Klassiker einer Kollusion ist der Seitensprung, die Affäre, die Außenbeziehung. Oftmals wissen Paare nicht, was passiert, wenn einer von beiden fremdgeht. Während der eine Partner daraus kein Drama macht, ist für einen anderen damit sofort die Beziehung beendet. Darüber muss ein Paar aber vorher gesprochen haben. Ist das nicht der Fall, sprechen wir von einer Kollusion.

Das Gegenteil einer Kollusion sind Offenheit und Wahrhaftigkeit. Ich muss zu bestimmten Dingen in meiner Partnerschaft Auskunft geben und Auskunft erhalten, sonst initiiere ich unausgesprochen Unsicherheit, Unwissenheit bei meinem Partner oder stehe selbst unausgesprochen zu lange im Nebel und im Ungewissen. Und das ist keine gute Basis für eine funktionierende Beziehung. Wollen wir heiraten? Wollen wir Kinder? Wie gehen wir mit einem Seitensprung um? Wollen wir ein Haus bauen? Wie wichtig ist uns Geld? Wie wichtig ist uns Karriere? Wie planen wir die Zeit nach den Kindern? Wie wollen wir alt werden? Wollen wir überhaupt gemeinsam alt werden? Wie gehen wir mit unseren Herkunftsfamilien um? Wie organisieren wir unsere Freizeit? Wie viel Geld steht uns zur Verfügung? Es gibt sehr viele Themen, über die Paare miteinander auch in jahrzehntelanger Beziehung schweigen und die, wenn sie plötzlich auf die Tagesordnung ploppen, zu massiven Beziehungsunsicherheiten, Krisen oder Trennungen führen, von denen dann mindestens ein Partner behauptet, er hätte von der Sprengkraft dieser Thematik nichts geahnt.

Entscheiden Sie sich jetzt dafür, in Ihrer Wahrhaftigkeitskommunikation zwischen relevanten und nichtrelevanten Wahrheiten zu unterscheiden. Nicht alles, was uns durch den Kopf geht oder was wir erleben, muss in einer Wahrhaftigkeitskommunikation besprochen werden. Sie dürfen auch ein paar Geheimnisse Ihres Denkens und Handelns für sich behalten. Aber Sie sollten relevante Wahrheiten aussprechen. Relevant sind Wahrheiten, die einen Einfluss auf Ihre Beziehung, Partnerschaft und Liebe haben, nicht relevant sind Wahrheiten, die keinen Einfluss auf Ihre Beziehung, Partnerschaft und Liebe haben, weil sie zu flüchtig waren, ein Irrtum und nicht mehr vorkommen werden, strukturell also keinen Stempel oder keine Markierung auf Ihrer Partnerschaft hinterlassen oder diese verändern.

4. Kommunikation handelt ausschließlich von Bedürfnissen und Wünschen

Entscheiden Sie sich jetzt dafür, Kommunikation zukünftig als reine Wünsche-, Fantasien-, Hoffnungs-, Ideen-, Visionen-, Lösungs-Bedürfniskommunikation zu organisieren, und verabschieden Sie sich von der Mangel-, Beschwerde- und Anklagekommunikation, die wir alle so perfekt beherrschen. Bedenken Sie dabei, dass es in einer gelingenden, guten Kommunikation nicht darum geht, die Erfüllung unserer Bedürfnisse und Wünsche zu erwarten, sondern lediglich darum, sie zu äußern. Es geht einzig darum, sich das Vertrauen zu schenken, einander die Bedürfnisse zu offenbaren. Nur das steht im Mittelpunkt von Kommunikation in einer Liebesbeziehung. Ihr Partner ist nicht auf dieser Welt, um Ihre Bedürfnisse zu erfüllen, aber Ihr Partner hat es verdient, Ihre Bedürfnisse zu kennen, damit er die Möglichkeit hat, sich dazu verhalten zu können. Und Sie sind nicht auf dieser Welt, um die Bedürfnisse Ihres Partners zu erfüllen, aber Sie sind erwachsen genug, diese Bedürfnisse kennen zu dürfen und sich dazu zu verhalten, als Zeichen Ihrer Liebe. Der Merkspruch einer solchen Bedürfniskommunikation lautet: »Ich bin groß genug, dir meine Wünsche und Bedürfnisse mitzuteilen. Ich bin groß genug, deine Wünsche und Bedürfnisse zu hören. Ich bin groß genug, um ohne die Erfüllung all meiner Bedürfnisse und Wünsche mit dir ein glücklicher Mensch zu sein. Ich bin groß genug, dir einen Teil oder all deine Wünsche und Bedürfnisse zu erfüllen. Ich bin groß genug, um zu deinen Wünschen und Bedürfnissen klar nein zu sagen, falls ich dir einen Teil oder all deine Wünsche und Bedürfnisse nicht erfüllen will, denn du hast meine Wahrheit verdient und bist selbst groß genug, um mit meiner Wahrheit umzugehen.«

5. Kommunikation handelt ausschließlich von der Gegenwart und der Zukunft

Entscheiden Sie sich jetzt dafür, Kommunikation zukünftig nur noch als Gegenwarts- und Zukunftskommunikation zu organisieren. Sprechen Sie gemeinsam über das Jetzt und das Morgen. Sprechen Sie nicht mehr davon, was vergangene Woche alles schieflief, sondern nur noch davon, wie es kommende Woche besser oder gut wäre. Vergeben Sie Vergangenes. Vergessen Sie das Gestern, wenn es schlecht war. Besprechen Sie Lösungen. Vergangenheitsgespräche sind immer Problemgespräche. Gegenwarts- und Zukunftsgespräche sind immer Lösungsgespräche. Vergangenheits- und Problemgespräche vergrößern die Probleme. Gegenwarts-, Zukunfts-, Lösungsgespräche weiten den Raum für Lösungen. Probleme sind völlig uninteressant – Lösungen sind absolut faszinierend.

6. Kommunikation gibt Raum

Entscheiden Sie sich jetzt dafür, Kommunikation zukünftig als reine Anerkennungstechnik zu betrachten. Schenken Sie Ihrem Partner und seinen Themen Aufmerksamkeit und Raum. Misslingende Kommunikation ist immer ein Kampf um Anerkennung. Gerechtigkeitsdiskurse und Unterbrechungskommunikation sind die falschen Strategien für eine gelingende Paarkommunikation, denn sie verhindern Anerkennung. Anerkennung heißt nicht: »Ich gebe dir recht.« Anerkennung heißt: »Ich gebe dir Raum. Ich gebe dir Zeit. Ich gestatte dir deine Worte, deine Sätze, deine Gedankengänge, deine Themen. Du darfst dich zeigen, einbringen. Selbst wenn ich inhaltlich die Dinge ganz anders sehe. Selbst wenn ich nicht bereit bin, dir hier entgegenzukommen.«

Im Zentrum partnerschaftlicher Zufriedenheit steht immer gegenseitige Anerkennung. Vergessen Sie das nie. Ich will gesehen und gehört werden. Ich will akzeptiert werden. Es geht nicht darum, recht zu behalten oder recht zu bekommen Das glauben wir aber. Und deshalb organisieren wir unsere Kommunikation als Gerechtigkeitsdiskurse. Weil wir unser Leben lang gesagt bekommen, dass es immer nur darum ginge, recht zu bekommen, andere zu überzeugen oder zu überreden, um zu erhalten, was wir uns wünschen, um unsere Ich-Verwirklichung voranzutreiben. Prinzipien der Anerkennung jenseits von Recht oder Unrecht werden uns nirgendwo vermittelt, deshalb sind und bleiben wir mehr oder weniger Anerkennungs-Analphabeten. Schenken Sie Ihrem Partner das Erleben von Anerkennung: »Ich sehe dich. Ich höre dich. Ich lasse dir deinen Raum. Ich lasse dich ausreden. Ich lasse deine Argumente, Wünsche, Bedürfnisse unwidersprochen. Du bist okay. Ich bin okay. Wir sind okay. Wir finden einen guten Weg.« Und erleben Sie dadurch gemeinsam eine tiefe Wir-Verwirklichung und das beglückende Erleben von gegenseitiger Anerkennung.

Entscheiden Sie sich jetzt für eine Kommunikation des Nicht-Wissens. Kommunikation gibt Raum, und Raum ist Nicht-Wissen: Nur aus der permanenten Vorgabe, nicht zu wissen, entsteht eine gelingende Kommunikation: Was kann ich noch fragen? Was will ich noch wissen?

Das größte Kommunikationsproblem ist: Wir hören nicht zu, um zu lernen, um Neues zu erfahren. Wir hören zu, um zu erwidern, um Altes zu wiederholen. Folgen Sie niemals wieder Ihren eigenen Erwiderungsimpulsen, Ihren Wissensimpulsen, Unterbrechungsimpulsen, Ihren Impulsen, Ihre Lösung dem Partner aufdrängen zu wollen. Präsentieren Sie Ihr Wissen, Ihren Lösungsvorschlag nicht oder erst, wenn Ihr Partner Sie auffordert, dies zu tun.

7. Kommunikation ist zugewandte Ruhe und aktives zuhörendes Schweigen

Entscheiden Sie sich jetzt für eine Zuhörer- und Empfängerkommunikation und nicht mehr für eine Sprecher- und Senderkommunikation. Es ist die höchste Form menschlicher Intelligenz, nachzufragen, zu hören, kommunikativen Raum zu geben, ohne selbst etwas zu sagen. Halten Sie einfach mal zugewandt und interessiert ausgiebig die Klappe, wenn Ihr Partner spricht, und stellen Sie ausschließlich vertiefende Fragen, um Ihren Partner beim Sprechen zu halten. Dadurch erzielen Sie maximalen Gewinn aus Ihrer Kommunikation. Denn, so Marcel Proust: »Das Bedürfnis zu sprechen hindert nicht nur am Hören, sondern auch am Sehen.« Ihr

Partner und Ihre Partnerschaft haben es verdient, gehört und gesehen zu werden. Stoppen Sie Ihr Bedürfnis zu sprechen, wenn Ihr Partner spricht, seien Sie offen, zuhörend und aktiv schweigend, Ihre Partnerschaft wird es Ihnen danken.

Damit sind wir am Ende der sieben simplen Wahrheiten über Kommunikation. Wenn Sie diese beherzigen und Ihre Gespräche fortan so organisieren, werden Sie in Ihrer Partnerschaft eine ganz neue Gesprächsqualität erleben. Lassen Sie mich die sieben simplen Wahrheiten nochmals auf die Kapitelüberschrift »… Hosen runter, Herzen auf, Ruhe bewahren! …« übertragen. Was bedeutet »Hosen runter«? Subjektiv sein, wahrhaftig sein und gegenseitige Information. Was bedeutet »Herzen auf«? Bedürfnisse und Wünsche formulieren, nur über Gegenwart und Zukunft sprechen. Was bedeutet »Ruhe bewahren«? Liebevoll und freundschaftlich zueinander sein, Raum geben, zugewandte Ruhe und aktives zuhörendes Schweigen praktizieren. Ist das komplex? Vielleicht auf theoretischer Ebene, auf praktischer Ebene nicht. Im Anschluss finden Sie eine Übung, die alle sieben simplen Wahrheiten integriert und ganz einfach in der Durchführung ist.

Und vergessen Sie dabei den Einstieg in dieses Kapitel nicht: Entscheidend für eine gelingende Paarkommunikation sind nicht die sieben simplen Wahrheiten, sondern ist die Bereitschaft, einander glücklich und zufrieden machen zu wollen, einander also in wirklicher liebevoller Freundschaft zugeneigt und verbunden zu sein und zu begegnen. Und das bleibt keine Frage von Kommunikationsregeln, sondern eine Frage Ihrer psychologischen Flexibilität, Ihrer inneren Freiheit, Ihrer Selbststeuerung, Ihrer Affektkontrolle und damit eine Frage Ihrer Entscheidung, ja zu einem liebevollen, supportiven Miteinander zu sagen.

Dieses Kapitel endet mit zwei Übungen, obwohl ich Ihnen zu Beginn meine Zweifel an Techniken und Übungen im Bereich der Kommunikation mitgeteilt hatte. Warum? Weil diese beiden Übungen anders sind. Im Zentrum der Übungen steht nicht die Praxis einer Technik, sondern die Erfahrung der Übungen. Sie müssen also nichts lernen oder erarbeiten, um diese Übungen zu absolvieren, Sie müssen sich nur darauf einlassen und sich beobachten, wie es Ihnen dabei geht. Zudem ist die erste eine strikte Übung zum Thema »Kommunikation als Informationskommunikation und Anerkennungserfahrung«, die ganz beiläufig die sieben simplen Wahrheiten über Kommunikation integriert, und die zweite Übung eine Erfahrung in Sachen »Hosen runter«, also Kommunikation als Wahrhaftigkeitskommunikation und Anerkennungsform. Keine Angst, Sie können dabei nichts falsch machen. Im Zentrum steht einzig Ihr Erleben während der Übungen.

Übung: Sieben-simple-Wahrheiten-Kommunikation – Hosen runter, Herzen auf, Ruhe bewahren!

Die Übung geht über mehrere Tage und dauert jeweils nur wenige Minuten. Verabreden Sie sich mit Ihrem Partner auf einen oder zwei Abende pro Woche, ganz wie es Ihrer Meinung nach gut und richtig ist. Setzen Sie sich aufs Bett, aufs Sofa, auf den Fußboden oder auf zwei Stühle. Setzen Sie sich so, dass Ihre Knie sich berühren oder miteinander verschränkt sind.

Ein Partner beginnt, indem er zu einem Themenkomplex entspannt, ruhig und deutlich, doch gleichzeitig mit Überzeugung vorträgt, was ihm hierzu durch den Kopf geht, was ihn bewegt, was er erlebt, was er sich wünscht, wie er sich fühlt. Meine Themenvorschläge für den Vortragenden sind zum Beispiel:

- Das kommende Wochen-
  ende.
- Das kommende Jahr.
- Meine Arbeitswoche.
- Meine Geburtstagsfeier.
- Unsere Hochzeit.
- Deine/Meine Eltern.
- Deine/Meine Geschwis-
  ter.
- Unsere/Deine/Meine
  Kinder.
- Unsere Arbeitsteilung.

- Meine Freiräume.
- Meine Wünsche.
- Meine Visionen.
- Meine Lebenswünsche.
- Unser tägliches Mitein-
  ander.
- Unsere Sexualität.
- Unsere Nähe und Zärt-
  lichkeit.
- Oder wählen Sie ein
  anderes Thema.

Der Zuhörende darf ausschließlich mit den folgenden vorgegebenen Rückmeldungen antworten. Sie können sich diese vorab auf
DIN-A6-Karten schreiben und wie Moderationskarten bei sich tragen. Aufgabe des Zuhörenden ist, in Verbindung mit dem Partner
zu bleiben und das Gespräch in Gang zu halten. Verboten sind
zum Beispiel Aufstöhnen, Augenverdrehen, Ironie, Sarkasmus et
cetera. Der Zuhörende nutzt die Rückmeldung wie eine Art Rückmelde-Bingo nach dem Zufallsprinzip. Er nimmt einfach immer
eine Aussage oder Frage: von oben nach unten, durcheinander,
jede zweite, und dann wieder von oben beginnen. Sie dürfen auch
versuchen, möglichst die jeweils passendste Rückmeldung zu finden. Es spielt überhaupt keine Rolle. Wichtig ist nur die Verpflichtung, sich ausschließlich aus dem Fundus dieser Rückmeldungen
zu bedienen. Alle anderen Antworten oder Reaktionen sind strikt
verboten. Eine Ausnahme ist eine Verständnisfrage. »Was meinst
du mit X oder Y?« ist gestattet. Auf die Antwort reagiert der Partner dann wieder mit dem Satz »Danke, dass du mir das mitteilst«
oder »Danke, jetzt verstehe ich dich«.

Die Rückmeldungen für das Rückmelde-Bingo:

- Danke, für dein Vertrauen.
- Gibt es noch etwas, was du mir mitteilen möchtest?
- Wann wäre es besser?
- Was wünschst du dir von mir?
- Was kann ich für dich tun?
- Danke, dass du mir das mitteilst.
- Gibt es noch etwas?
- Woran würdest du merken, dass es besser wäre?
- Wie kann ich dich unterstützen?
- Danke für deine Offenheit.
- Was kann ich noch tun?
- Ja, das verstehe ich.
- Okay.
- Ja.
- Gut.
- Ich höre dir zu.
- Wie fühlst du dich jetzt?
- Was vermisst du noch?
- Danke.
- Danke, dass du mir das mitgeteilt hast.
- Jetzt weiß ich, was dir wichtig ist.
- Danke für deine Offenheit, jetzt weiß ich, was dir wichtig ist.
- Danke für deine Offenheit, jetzt weiß ich, wie du diese Dinge siehst.

Schauen Sie sich in die Augen. Bleiben Sie fünf, sieben oder maximal zehn Minuten in dem vorgegebenen Format mit den vorgegebenen Rückmeldungen. Die Zeit sollten Sie vorher miteinander vereinbaren und sich dann auch daran halten, selbst wenn es sich mal als zu lang anfühlt.

Am Ende sagt der Zuhörende: »Gibt es noch etwas, was ich dich fragen soll? Danke, dass du mir das mitgeteilt hast. Jetzt weiß ich, was dir wichtig ist oder wie du diese Dinge siehst.« Oder: »Danke für deine Offenheit, jetzt weiß ich, was dir wichtig ist oder wie du diese Dinge siehst.«

Eine weitere Vertiefung, Diskussion oder Bewertung dessen, was Sie sich mitgeteilt haben, ist nicht erlaubt. Mit den Sätzen »Danke, dass du mir das mitgeteilt hast. Jetzt weiß ich, was dir wichtig ist/ wie du diese Dinge siehst« ist das Gespräch über die Thematik abgeschlossen.

In einer zweiten Runde wechseln Sie die Rollen. Und dann ist die Übung für diesen Tag, für diesen Abend beendet. Die Übung dauert also maximal zwanzig Minuten, wenn Sie sich auf maximal je zehn Minuten geeinigt haben. Sie können sich auch darauf verständigen, an einem Tag nur eine Runde zu machen und am anderen Tag mit umgekehrten Rollen fortzufahren.

Die Übung dient dem Ziel, die Kenntnis des Partners und die Kenntnis der Bedürfnisse des Partners zu erhöhen. Sie vertieft die Beziehung als Paar. Sie dient dem Schaffen und dem Aushalten von Bindung. Und sie ist Ihre erste Praxisprobe mit den sieben simplen Wahrheiten über Kommunikation.

So schmerzhaft oder überraschend vielleicht die ein oder andere Information in dieser Übung ist: Konzentrieren Sie sich auf die erfreuliche und berührende Tatsache, dass sie einander das tiefe Vertrauen schenken, dem jeweils anderen Ihre Wahrheit, Ihr Bedürfnis, Ihre Wahrnehmung mitzuteilen. Falls es dem Zuhörenden schwerfällt, ruhig zu bleiben: Konzentrieren Sie sich auf Ihren Atem. Tiefe, lange Atemzüge. Fünf Sekunden einatmen, fünf Sekunden ausatmen. Atmen Sie, hören Sie zu, ohne zu urteilen.

Unser altes Muster ist: Wir hören nicht zu, um zu erfahren, um zu verstehen. Wir hören zu, um zu antworten, um zu verbessern, um richtigzustellen, um zu korrigieren. Deshalb verbiete ich in dieser Übung solche Antworten. Das bindungsvertiefende Erleben dieser Übung besteht in der Tatsache, dass der redende Partner Raum und Platz bekommt, sich gesehen und gehört fühlt. Für viele Paare ist das auch oder besonders nach zum Beispiel einer fünfzehn-jährigen Beziehung eine ganz neue Erfahrung. Oftmals bricht der Vortragende bei dieser Übung spontan in Tränen aus, weil er sich so noch nie gesehen und gehört gefühlt hat, obwohl ja der zuhörende Partner gar keine Informationen darüber gibt, wie er selbst die Dinge sieht oder zu ihnen steht.

Das ist eine sehr kraftvolle und berührende Übung. Viele Zuhörende schaffen es nicht, auch nur zwei Minuten in den vorgegebenen Rückmeldungen zu bleiben, und fangen sofort an, sich zu verteidigen, die Dinge anders zu bewerten et cetera, also in die üblichen Muster unserer Kommunikation zurückzufallen. Konzentrieren Sie sich deshalb als Zuhörender unbedingt darauf, nur die Rückmeldungen zu geben, die oben erwähnt sind, und unterbrechen Sie als Vortragender den Zuhörenden sofort, sobald er aus dem Muster der erlaubten Rückmeldungen ausbricht.

Kleine Nebenbei-Übung – Hosen runter, Herzen auf!

Zum Abschluss dieses Kapitels möchte ich Ihnen noch eine kleine Nebenbei-Übung zeigen, mit der ich in meiner paartherapeutischen Praxis immer arbeite und die große Wirkung hat, obwohl sie kaum Zeit, Aufwand oder Konzentration braucht.

Verabreden Sie sich mit Ihrem Partner auf einen oder zwei Abende pro Woche, ganz wie es Ihrer Meinung nach gut und richtig ist. Also zum Beispiel in den kommenden Wochen jeden Mittwochabend oder immer sonntagvormittags. Oder auf einen Zeitraum von zum Beispiel zwei Wochen, in dem Sie diese Übung jeden Abend machen. Sie sollten sie am Ende zwischen acht- und zwölfmal ausgeführt haben. Die Übung geht über mehrere Tage oder mehrere Wochen. Sie dauert jeweils nur wenige Minuten in der Vorbereitung und läuft dann nebenbei weiter.

Voraussetzung ist, dass Sie als Paar gemeinsame Zeit in Ihrer Wohnung oder an einem privaten Ort verbringen. Sie können diese Übung auch ganz wunderbar in Ihrem Urlaub machen. Sie benötigen einen kleinen Zettel oder Karteikarten sowie eine Sicherheitsnadel oder Post-its und einen Stift. Schreiben Sie nun auf den Zettel eine negative Selbstbeschreibung. Also: Was denke ich Negatives über mich? Was denke ich Schlechtes oder Abwertendes über mich?

Nehmen Sie den Zettel, und heften Sie sich diesen an Ihren Pullover, Ihre Bluse, Ihr Hemd, Ihr Shirt, Ihre Jacke. Verbringen Sie die folgenden Stunden als Paar gemeinsam in der Wohnung, in der Küche, im Wohnzimmer. Lesen Sie den Zettel Ihres Partners. Schauen Sie sich nach der Lektüre der Zettel für zwei Sekunden in die Augen.

Erlaubt sind Fragen zum Verständnis. Ihr Partner erklärt den Begriff, falls Sie nicht verstehen, was er damit meint. Vermeiden Sie alle weiteren gegenseitigen Bewertungen, Diskussionen über den Wahrheitsgehalt und so fort einer negativen Selbsteinschätzung.

Hier einige Beispiele für negative Selbsteinschätzungen beziehungsweise Selbstbeschreibungen (Sie können die Liste individuell erweitern):

- Schaumschläger.
- Angeber.
- Großmaul.
- Schwätzer.
- Besserwisser.
- Pessimist.
- Angsthase.
- Zicke.
- Schlechter Liebhaber.
- Unstetig.
- Nervös.
- Verplant.
- Verpfuscher.
- Arrogant.
- Unsicher.
- Zu dick.
- Hässlich.
- Versager.
- Hysteriker.
- Abwerter.
- Wegwischer.
- Verneiner.

- Gebrechlich.
- Unaufmerksam.
- Egoistisch.
- Schlechter Vater.
- Schlechte Mutter.
- Schlechter Partner.
- Ungehalten.
- Fettsack.
- Abgestumpft.
- Lebensmüde.
- Runterzieher.
- Bremsklotz.
- Dünnbrettbohrer.
- Übertreiber.
- Mimose.
- Alkoholiker.
- Drogenjunkie.
- Querulant.
- Bankrotteur.
- Hasardeur.
- Schlechter Sohn.
- Schlechte Tochter.
- Bequem.
- Selbstsüchtig.
- Betrüger.
- Kalter Fisch.
- Hilflos.
- Depressiv.
- Kaputtmacher.
- Ängstlich.
- Unterdrücker.
- Rechthaber.
- Instinktlos.
- Übersensibel.
- Undankbar.

Mit dem Zettel an Ihrer Kleidung verbringen Sie dann gemeinsam Zeit in Ihrer Wohnung. Kochen, lesen, schauen fern, sitzen am Tisch et cetera. Sie müssen ansonsten nichts weiter tun.

Auch eine Paarbeziehung ist geprägt von Spielchen, von Ablenkungsmanövern, von Maskierungen, wir fürchten uns davor, uns in die Karten schauen zu lassen. Selbst dem Menschen, den wir lieben, dem wir nahe sein möchten, spielen wir immer wieder etwas vor. Wir machen uns größer, stärker, klüger, als wir uns eigentlich fühlen. So wird auch das Private, Intime zum Schauspiel, und Wahrhaftigkeit und Authentizität gehen verloren.

Bei dieser kleinen Nebenbei-Übung betrachten Sie einander und sehen in Ihrem Gegenüber denjenigen, der sich selbst so negativ und abwertend sieht. Urteilen Sie nicht darüber, ob Sie der Meinung sind, dass das, was auf dem Zettel steht, stimmt oder nicht. Achten Sie nur darauf, dass Ihr Partner unter dieser Selbstbeschreibung leidet, dass diese Selbstbeschreibung für Ihren Partner schmerzhaft ist und dass es ein großer Vertrauensbeweis ist, dass Ihr Partner Sie an seinem Schmerz und seiner Scham teilhaben lässt. Dass sich Ihr Partner Ihnen gegenüber öffnet und sich so klein zeigt, wie er sich fühlt. Die Übung schafft Vertrauen, Ruhe und Anteilnahme. Sie erlauben einander Einblicke in Ihre dunklen Ecken, in Ihren Schmerz, in Ihre Scham, ohne alles zu zerreden, ohne zu be- oder verurteilen. Ohne einander vorzuspielen, wie toll und perfekt Sie sind. Sie öffnen sich. Öffnen Ihr Visier, mit dem Sie durch die Welt gehen und hinter dem Sie sich verstecken, da wir glauben, die Welt erlaube uns keine Schwäche, keinen Zweifel, keine Scham. In der privaten Sicherheit Ihrer Beziehung gewähren Sie Ihrem Partner diese Einblicke und sagen damit: »Ich habe meine Dämonen, ich habe meine Schwächen und Grenzen und leide immer wieder unter meiner eigenen Unzulänglichkeit, wie jeder Mensch. Schau mich an, sieh mich mit all meinen Schwächen.«

Das größte Geschenk, das Sie einander geben können, ist, sich gegenseitig in Ihrer Verletzbarkeit, in Ihrer Scham zu zeigen, damit Sie lernen, sich gegenseitig nicht mehr so wehzutun, wenn Sie wissen, wie klein, schamhaft, unsicher und verletzlich wir letztendlich sind, wenn wir uns wahrhaftig und offen zeigen. Dazu dient diese Übung.

Huch, so viel kann ich machen?
oder Warum Sie und Ihr Partner Ihre Partnerschaft schon jetzt viel intensiver regulieren, als Sie ahnen

Nach so viel komplexer Theorie und Erläuterung im vorhergehenden Kapitel jetzt etwas sehr Praktisches ohne große Vorrede. Eine Übung, um in Ihnen ein höheres und tieferes Verständnis Ihrer eigenen Fähigkeiten zur Krisenregulation zu aktivieren: Fähigkeiten, die Sie schon in Ihrer Partnerschaft anwenden, wie auch Kapazitäten, von denen Sie genau wissen, dass Sie sie anwenden und damit eine Verbesserung in Ihrer Beziehung erzielen könnten. Und in der Umkehrung die gleichen Fragen dann noch mal zu Ihrem Partner. Sie beantworten also Fragen nach den eigenen Handlungen und Potenzialen und Fragen nach den Handlungen und Potenzialen Ihres Partners, um nach einem Streit, einer Krise, einer Herausforderung wieder die Kurve zu bekommen, wieder Leichtigkeit, Normalität, Freude und Lachen in Ihre Partnerschaft zu bringen.

Warum diese Übung? Weil wir unsere Fähigkeiten und Anwendungen krisenregulatorischen Handelns oftmals vergessen. Weil wir die Fähigkeiten und Anwendungen des krisenregulatorischen Handelns unseres Partners oftmals vergessen. Paare sind nach dieser Übung oft sehr überrascht, weil Sie vor lauter Streiterei, Kleinkrieg und Nerverei ganz übersehen hatten, wie es Ihnen von ganz allein immer wieder gelingt, trotz alledem auf eine gemeinsame gute Spur zu finden, auch wenn die Themen weiter im Raum stehen. Es gibt in uns also schon eine Instanz, die die Fähigkeit hat, zwischen dem akuten Streit, der aktuellen Herausforderung und der grundsätzlichen Qualität und Wichtigkeit der Beziehung in Frieden und Harmonie zu unterscheiden. Hätten Sie diese Instanz nicht, würden Sie jeden Streit, jeden Konflikt immer und permanent aktiv halten und ausreizen. Heben Sie diesen Schatz, Ihre eigenen Fähigkeiten, Krisen zu regulieren, und nutzen Sie ihn dadurch zukünftig aktiver und bewusster.

Eine sehr gute Gedankenstütze für die immer wieder notwendige Aktivierung Ihrer krisenregulatorischen Fähigkeiten sind zudem folgende Sätze: »Ich kann jeden Tag und jederzeit sofort und hier durch positive Handlungen den Zustand meiner Beziehung regulieren und verbessern« und »Ich kann jeden Tag, jederzeit, sofort und hier für ein besseres Klima in unserer Partnerschaft sorgen. Ich kann das, weil ich das will und mir unsere Partnerschaft wichtig ist, weil das Wohlbefinden meines Partners mir wichtig ist und mir dies wichtiger ist als meine Befindlichkeiten. Vielleicht nicht immer, aber hier, jetzt und heute«.

Hinzu kommt, dass wir oftmals auch sehr überrascht davon sind, wie viel unser Partner unternimmt, um ebenfalls seinen Beitrag zur Überwindung von Krisen und Herausforderungen zu leisten. Das ist vielleicht nicht immer das, was wir uns wünschen. Aber wir können anerkennen, dass unser Partner Versuche unternimmt, also eine Strategie hat, um in unserer Partnerschaft wieder für Frieden und Harmonie zu sorgen. Das übersehen wir gern. Auch dazu dient die Übung: einen offeneren Blick für die Aktivitäten des Partners zu bekommen, der ähnlich wie wir immer wieder etwas unternimmt, um uns als Paar wieder in ruhigere Gewässer zu manövrieren. Sonst wären Sie heute kein Paar mehr.

Bei dieser Übung geht es nicht um Ihre Wünsche und Hoffnungen. Es geht konkret um ein Verhalten, das für andere und speziell für Ihren Partner sichtbar und erlebbar ist, also darum, was Sie wirklich tun. Hilfreich ist die Visualisierung konkreter Streit- oder Konfliktsituationen. Erinnern Sie sich also an gemeinsame Konflikte und Streite. Wo sind Sie? Wie viel Uhr ist es? Welche Kleidung tragen Sie? In welcher Stimmung sind Sie? Um dann zu fragen: Was machen Sie, sagen Sie? Wen sehen Sie, wenn Sie sich dabei selbst beobachten? Was sieht oder hört ein Beobachter der Szene?

Im Anschluss an diese Übung finden Sie wieder einige Antworten aus meiner paartherapeutischen Praxis als Beispiele und Anregung.

Übung Krisenregulation: Selbstauskunft

Beantworten Sie sich bitte die folgenden Fragen:

Was unternehme ich, um in Krisensituationen/im Streit wieder für Freude, Lachen, Frieden, Harmonie und Gelassenheit in unserer Partnerschaft zu sorgen?

_____

_____

_____

Was unternehme ich, um generell für Freude, Lachen, Frieden, Harmonie und Gelassenheit in unserer Beziehung zu sorgen? Wie sorge ich dafür, dass Freude und Lachen ihren Raum in unserer Beziehung haben?

_____

_____

_____

Was könnte ich darüber hinaus unternehmen, um weitere Verbesserungen zu initiieren?

_____

_____

_____

Welche Handlungen/welche Botschaften würden meinen Partner im Streit/im Konflikt immer milde/friedlich/zugänglich stimmen?

_____

_____

_____

Was weiß ich, was sich mein Partner von mir in einer krisenhaften Situation wünscht?

_____

_____

_____

Veränderungsräume

Was habe ich in den vergangenen Jahren/bislang/im Verlauf unserer Partnerschaft getan, um positive Veränderungen zu initiieren?

_____

_____

_____

_____

Wie habe ich auf die Herausforderung unserer Beziehung in den vergangenen Jahren mit Veränderungen reagiert, die dadurch einen Konflikt/ein Konfliktfeld langfristig verbessert/verändert haben?

_____

_____

_____

Welche Verhaltensänderung habe ich initiiert? Was mache ich heute besser/positiv anders als zu Beginn unserer Beziehung?

_____

_____

_____

Übung Krisenregulation:
Mein Wissen/meine Wahrnehmung zu meinem Partner

Nachdem Sie sich auf den vorherigen Seiten Antworten darauf gegeben haben, was Sie selbst unternehmen beziehungsweise unternehmen könnten, um in Krisen oder Streiten für eine Verbesserung der Situation beizutragen, Streitigkeiten zu beenden, Herausforderungen/Krisen zu überwinden, schlechte Stimmungen zu regulieren, geht es nun darum, dass Sie sich Gedanken darüber machen, was Ihr Partner in einer entsprechenden Situation tut, um Verbesserungen zu initiieren. Welches Verhalten beobachten, bemerken Sie bei Ihrem Partner, wenn dieser in einer Konflikt- oder Streitsituation versucht, die Wogen wieder zu glätten, für Frieden und Ausgleich zu sorgen.

Beantworten Sie bitte folgende Fragen:

Was unternimmt mein Partner, um in Krisensituationen/im Streit wieder für Freude, Lachen, Frieden, Harmonie und Gelassenheit in unserer Partnerschaft zu sorgen?

_____

_____

_____

_____

Was unternimmt mein Partner, um generell für Freude, Lachen, Frieden, Harmonie und Gelassenheit in unserer Beziehung zu sorgen? Wie sorgt mein Partner dafür, dass Freude und Lachen ihren Raum in unserer Beziehung haben?

_____

_____

_____

_____

Was könnte mein Partner darüber hinaus unternehmen, um weitere Verbesserungen zu initiieren?

_____

_____

_____

_____

Welche Handlungen/welche Botschaften würden mich im Streit/im Konflikt immer milde/friedlich/zugänglich stimmen?

_____

_____

_____

Was weiß mein Partner, was ich mir von ihm in einer krisenhaften Situation wünsche?

_____

_____

_____

Veränderungsräume

Was hat mein Partner in den vergangenen Jahren/bislang/im Verlauf unserer Partnerschaft getan, um positive Veränderungen zu initiieren?

_____

_____

_____

Wie hat mein Partner auf die Herausforderung unserer Beziehung in den vergangenen Jahren mit Veränderungen reagiert, die dadurch einen Konflikt/ein Konfliktfeld langfristig verbessert/verändert haben?

_____

_____

_____

Welche Verhaltensänderung hat mein Partner initiiert? Was macht mein Partner heute besser/positiv anders als zu Beginn unserer Beziehung?

_____

_____

_____

Ich gehe spazieren und versuche erst einmal wieder, innere Ruhe zu finden.

Ich erzähle einen Witz.

Ich kitzle meinen Partner.

Ich bitte meinen Partner, sich mit mir auf die Couch zu legen.

Ich umarme meinen Partner, und wir nehmen gemeinsam drei tiefe Atemzüge.

Wir haben vereinbart, dass wir uns nur noch nackt und in Löffelchenstellung im Bett miteinander streiten, weil wir dann ruhiger und liebevoller miteinander umgehen.

Wir führen Konfliktgespräche nur noch draußen, wenn wir spazieren gehen.

Wenn wir uns streiten, haben wir immer kleine Wasserpistolen in der Hand, bespritzen uns damit und müssen dann immer lachen, auch wenn wir uns weiter uneins im Thema sind.

Ich lenke ein, gebe meinem Partner recht und bin damit im Frieden.

Ich bin kompromissbereit.

Ich gestehe meinem Partner zu, seinen Kopf durchzusetzen, und komme damit auch innerlich gut klar.

Ich kaufe Blumen und bitte meinen Partner um Entschuldigung.

Wir verabreden uns darauf, den Streit erst in zwei Tagen fortzuführen.

Ich lege die Lieblings-CD meines Partners ein und tanze mit ihm.

Ich bemühe mich darum, ruhig und gelassen zuzuhören, und frage immer nach, ob ich meinen Partner richtig verstanden habe.

Ich begreife, dass mein Leben nicht in Gefahr ist, wenn ich mich mit meinem Partner streite. Es sind nur Worte.

Ich lasse meinen Partner in Ruhe, wenn er keinen Kontakt will.

Trotz Verletztheit nehme ich die Friedensangebote meines Partners an.

Ich gehe zum Yoga.

Ich gehe zum Fußball.

Ich gehe achtsam, liebevoll und wertschätzend mit mir und meinen Bedürfnissen um.

Ich achte auf meine Bedürfnisse und erlaube meinem Partner, sie zu ignorieren.

Ich kämpfe nicht dagegen an, wenn es Giftpfeile regnet, sondern lasse es geschehen, ohne mich davon getroffen zu fühlen.

Ich weiß, dass alle Worte immer nur Meinung sind und nicht eine Wahrheit.

Ich sage, was ich mir wünsche und wie es mir geht.

Ich bleibe in der Gegenwart, ohne nachtragend und unversöhnlich zu sein.

Ich mache einen Dackelblick und frage mit Kinderstimme: »Hat du mi no lieb?«

Ich mache einen Witz.

Ich nehme meinen Partner in den Arm.

Ich verführe meinen Partner.

Ich werfe mich auf den Boden und gestehe, ein elender Sünder und Versager zu sein!

Ich erlaube meinem Partner, darüber nachzudenken.

Ich erlaube meinem Partner, nicht mit mir reden zu wollen.

Ich erlaube meinem Partner, mit mir reden zu wollen.

Ich nehme mir einen Abend frei und überrasche meinen Partner mit einer Essenseinladung.

Ich räume die Wohnung auf.

Ich sorge für ein aufgeräumtes Zuhause.

Ich mache Überraschungsgeschenke.

Ich verlasse die Wohnung und kaufe Blumen.

Ich ziehe mich aus.

Ich halte einfach mal die Fresse.

Wir gehen ins Kino.

Ich habe mit dem Rauchen aufgehört.

Wir verabreden uns einmal die Woche zum Sex.

Ich erlaube meinem Partner, eine Affäre zu haben.

Ich erlaube meinem Partner, mir nicht zu gestatten, eine Affäre zu haben.

Ich erlaube meinem Partner, nicht mit mir schlafen zu wollen.

Ich erlaube meinem Partner, mit mir schlafen zu wollen.

Ich erlaube meinem Partner, jeden Abend um 22.00 Uhr ins Bett zu gehen.

Ich stehe gemeinsam mit meinem Partner um 6.30 Uhr auf.

Ich erlaube meinem Partner, lange zu schlafen.

Ich bohre nicht weiter.

Ich spreche normal und schreie nicht mehr.

Ich verteidige meine Positionen nicht mehr.

Ich akzeptiere, dass wir auch uneins sein dürfen.

Ich frage: »Was kann ich für dich tun, damit es dir besser geht?«

Ich frage: »Welches Verhalten wünschst du dir von mir?«

Ich frage: »Woran würdest du merken, dass ich dich liebe/dass es besser wäre?«

»Woran würdest du merken, dass ich mich um die Kinder kümmere?«

»Woran würdest du merken, dass wir eine schöne Zeit miteinander verbringen?«

Ich mache nicht mehr jeden Abend den Fernseher an.

Ich trenne meine berufliche Unzufriedenheit von meinem privaten Erleben.

Ich habe verstanden, dass mein Partner nicht dafür verantwortlich ist, wenn ich Stress im Job habe.

Wir verabreden uns einmal die Woche auf ein kurzes Gespräch zu den Themen »Wie geht es dir?«, »Was bedrückt dich?«, »Worum sorgst du dich?«, »Womit bist du unzufrieden?« und »Was wünschst du dir diese Woche von mir?«.

Ich gestatte meinem Partner, wenn er nach Hause kommt, erst einmal dreißig Minuten Ruhe.

Ich erlaube meinem Partner, dass er sich jeden Abend bei mir beschwert, wie anstrengend die Kinder sind.

Ich mache viel Sport und bin dadurch ausgeglichener.

Ich bespreche einige Dinge mit Freunden und nicht mehr mit meinem Partner.

Ich schweige auch mal, wenn es mir gerade nicht so gut geht, da ich weiß, dass es mir am nächsten Tag auch wieder besser geht.

Ich habe gelernt, dass mein Partner nicht für mein gesamtes Lebensglück zuständig ist.

Ich trinke weniger Alkohol.

Ich arbeite weniger.

Ich frage mich im Konfliktfall, was unsere Partnerschaft jetzt dazu sagen beziehungsweise was sich unsere Partnerschaft jetzt von mir wünschen würde.

Ich übernehme von jetzt an die Jahresurlaubsplanung.

Wir schauen uns nach einem Streit immer die gleiche Komödie an, um auf andere Gedanken zu kommen.

Ich spreche immer leise.

Ich rege mich nicht mehr auf, weil das die Realität auch nicht verändert.

Ich nehme immer tiefe Atemzüge, während wir sprechen.

Ich habe in den letzten zehn Jahren meine Kochkünste um 300 Prozent und meine Ordnungsliebe um 100 Prozent verbessert.

Ich will nicht mehr alles zu 100 Prozent perfekt machen. Ich bin auch als 70-Prozenter glücklich.

Wir kochen gemeinsam.

Ich komme mittlerweile gut damit klar, dass mein Partner dreimal im Jahr mit zwei besten Freundinnen/Freunden auf ein Wochenende verreist.

Ich habe begriffen, dass ich nicht jede Karriere machen kann und dabei der beste Vater/die beste Mutter, der beste Partner und der beste Freund/die beste Freundin gleichzeitig sein kann, da ein Tag nur 24 Stunden hat.

Ich habe akzeptiert, dass meinem Partner unsere Kinder weniger wichtig sind, als ich mir erhofft hatte/als seine Arbeit/als sein Vergnügen/als seine Hobbys.

Ich habe eine Paartherapie initiiert.

Ich erwarte nicht mehr, dass mein Partner über meine Witze lacht.

Ich warte beim Fahrradfahren, beim Wandern, beim Skifahren, beim Rudern, beim Reiten auf meinen Partner.

Ich denke immer an unseren Hochzeitstag.

Ich suche den Dialog und versuche, mich so gut zu erklären, wie es mir möglich ist.

Ich versuche, ruhig zu bleiben, den Ton der Stimme ruhig zu halten und Nähe zu schaffen.

Ich schaffe eine gemütliche Atmosphäre für den Dialog.

Ich sehe die Bedürfnisse meines Partners und gebe ihnen Raum.

Ich führe den Haushalt, berücksichtige dabei die Wünsche meines Partners.

Ich erinnere mich im Streit immer daran, dass ich meinen Partner liebe.

Ich erinnere mich im Streit immer daran, dass mein Partner mich liebt.

Wertearbeit in der Partnerschaft
oder Warum von Anfang an zählt, was am Ende wichtig ist

In diesem Kapitel möchte ich Ihnen einen weiteren zentralen Begriff meiner Arbeit vorstellen und es auch wieder mit einer Übung abschließen.

Die Wörter »Wert« oder »Werte« gehen uns relativ häufig über die Lippen. Entsprechend wirkt der Begriff auf den ersten Blick vertraut, und viele meiner Klienten sagen schnell: »Weiß ich. Kenne ich.« – Aber Vorsicht, so einfach oder leicht ist das mit den Werten nicht, beziehungsweise wir machen es uns mit den Werten viel zu einfach; und das ist ein großer Fehler und eine verpasste Chance für Ihr Leben und Ihre Partnerschaft. Lassen Sie mich entsprechend ein paar Zeilen über Werte nach meinem und dem Verständnis vieler meiner Kollegen sprechen.

Was sind Werte? Werte sind Aussagen über die Art und Weise, wie wir unser Leben leben wollen. Werte drücken aus, wofür wir uns einsetzen, wofür wir stehen wollen. Sie stellen unsere inneren Leitmotive dar, nach denen wir unser Leben ausrichten. Werte sind wie Leuchttürme, an denen wir uns orientieren, oder wie ein Kompass, der uns jederzeit Auskunft darüber gibt, ob wir auf unserer Lebensreise noch auf dem für uns eigenen, richtigen Weg sind. Ein Kompass zeigt mir die Richtung. Auch wenn ich noch lange nicht am Ziel bin, kann ich zu jeder Zeit durch einen Blick auf den Kompass wissen, in welche Richtung ich zu gehen habe, wie mein nächster Schritt ist, um im Einklang mit meinen Werten zu agieren und zu leben. Leben wir nach unseren Werten, so haben wir das Gefühl, ein reiches und erfülltes Leben zu führen.

Was sind Werte nicht? Werte sind keine Moral. Werte sind kein Gefängnis. Ich rede hier nicht von Gut und Böse, Richtig und Falsch, nicht von Normen, einem Wertekanon oder einer vermeintlich objektiven Moral. Ich spreche also nicht von einer sozialen Wahrheit, etwas, worauf sich eine Gruppe von Menschen zum Beispiel geeinigt hat und woran Sie sich nun zu halten haben, sondern ganz individuell von Ihren inneren, eigenen, durch und durch subjektiven Werten, von den Dingen, die Ihnen gehören und Ihnen ganz allein sehr wichtig sind. Wenn sich diese Werte mit einer liebevollen, langjährigen Partnerschaft vereinigen lassen, umso besser. Falls nicht, müssen Sie lernen, mit der Differenz und den Konsequenzen zu leben.

Werte sind keine Bedürfnisse. Ein Bedürfnis ist ein Wunsch an ein Außen. »Ich will geliebt werden« ist kein Wert, sondern ein Bedürfnis. Die Erfüllung von Bedürfnissen liegt oft in der Hand Dritter. Wir können die Bedingungen für Bedürfniserfüllung verändern oder verbessern und hoffen, dadurch der Erfüllung von Bedürfnissen näherzukommen. Eine Gewissheit haben wir dafür allerdings nie. Bedürfnisse werden immer nur in wohlwollenden und günstigen Milieus erzielt. Die Erfüllung eines Bedürfnisses obliegt nicht meiner eigenen Gestaltungskraft.

Werte sind keine Motivationen oder Ziele. »Ich will einen Partner mit blauen Augen« ist kein Wert, sondern eine Motivation oder ein Ziel. Motivationen zeigen uns oft, was hinter unseren Bedürfnissen steht. Ziele sind häufig konkrete Handlungspläne mit Ergebnissen. Ziele können erreicht werden. Ein Partner, zwei Kinder, drei enge Freunde, ein Auto, ein Haus, Vermögen, den perfekten Job, einen Marathon laufen, einen Baum pflanzen, ein Buch schreiben, all das sind Ziele, keine Werte. Sobald etwas erreicht werden kann, ist es immer ein Ziel und kein Wert. Werte sind Wegweiser, Orientierungspunkte, niemals ein fester Ort. Ein Wert wird durch das Erleben desselben nicht obsolet. Ein Wert hat immer Bestand, ist immer auch eine Herausforderung an den kommenden Tag, an die nächste Begegnung. Ein Wert beschreibt eine fortdauernde Qualität des Handelns. »Heiraten« ist ein Ziel, »lieben« oder »liebevoll und verständlich sein« ist ein Wert. Die Summe vieler Ziele kann Ihnen helfen, einen Wert formulieren zu können. Ziele können sich umgekehrt aus Werten ableiten.

Werte sind immer an Handeln gebunden. Nur wenn Sie stets etwas dafür tun können, ist es ein Wert. »Anerkannt werden« ist kein Wert, da Sie es nicht tun können. »Geliebt werden« ist kein Wert, da Sie es nicht tun können. »Aufrichtig sein«, »offen sein«, »realistisch sein«, »wahrhaftig sein«, »friedlich sein«, »liebevoll sein«, »wohlwollend sein« sind Werte, da Sie stetig dazu beitragen können, auch noch in den herausforderndsten, schwierigsten, kritischsten Situationen offen, aufrichtig, realistisch, wahrhaftig, friedlich, liebevoll, wohlwollend zu sein. Selbstverständlich können Sie sich Gedanken darüber machen, welcher Werte es Ihrer Überzeugung nach bedarf, um »anerkannt zu werden« oder »geliebt zu werden«, und ob Sie bereit sind, Ihr Leben an diesen Werten auszurichten und zu leben.

Werte sind deutlich kraftvoller und stärker als zum Beispiel Ziele. Werte stehen uns jederzeit zur Verfügung. Wir können uns immer und in jeder Situation entscheiden, nach unseren Werten zu leben.

Bei Zielen ist dies nicht der Fall. Wir können nicht garantieren, dass wir das Ziel, zu heiraten oder den Partner mit den blauen Augen zu bekommen, jemals erreichen. Aber wir können jederzeit im Sinne unserer Werte leben und zum Beispiel liebevoll und offen sein, selbst wenn unsere Partnerschaft gerade vor massiven Herausforderungen steht, oder zuversichtlich und energetisch, selbst wenn unser Partner unsere Kräfte mehr als sonst beansprucht.

Werte sind oder bestehen zum Beispiel aus der Spezifizierung und Präzisierung folgender möglicher Ausdrucksformen Ihrer selbst:

Humorvoll sein, witzig sein – ernsthaft sein.

Sich treu bleiben – sich verändern und wachsen.

Die gleichen Fehler gern immer wieder machen – aus seinen Fehlern lernen – keinen Fehler zweimal machen.

Das Leben anderer Menschen bereichern – vom Leben anderer Menschen profitieren.

Nehmen – geben.

Inspirierend sein – langweilig sein.

Gedankenlos sein – mitdenkend/vorausdenkend sein.

Die eigenen Bedürfnisse in den Mittelpunkt stellen – die eigenen Bedürfnisse beiseitestellen, die Bedürfnisse anderer Menschen in den Mittelpunkt stellen.

Durchsetzungsfähig sein – variabel sein.

Durchlässig sein – hart sein.

Beredt sein – schweigsam sein.

Verschwiegen sein – offen sein.

Abwägend sein, vorsichtig sein – mutig sein.

Neugierig sein – desinteressiert sein.

Kompromissbereit sein – kompromisslos sein.

Tolerant sein – intolerant sein.

Frei sein, autark sein – in Verbindungen leben.

Nehmend sein – gebend sein.

Empfangend sein – schenkend sein.

Stark sein – schwach sein.

stoisch sein – nervös sein

Pessimistisch sein, fatalistisch sein – optimistisch sein.

Vorsichtig sein – mutig sein.

Still sein, leise sein – laut sein.

Wahrhaftig sein, ehrlich sein – verlogen sein.

Lustvoll und genießend sein – lustlos und asketisch sein.

Sparsam sein – großzügig sein, verschwenderisch sein.

Neidisch sein – gönnend sein.

Körperlich und sexuell sein – unkörperlich und asexuell sein.

Zukunftsorientiert sein – gegenwärtig sein – vergangenheitsfixiert sein.

In Beziehungen denken – in Dingen denken, in Geld denken.

Sportlich aktiv sein – faul sein.

Denkend sein – handelnd sein.

Fröhlich sein – melancholisch sein.

Sichtbar sein – unsichtbar sein.

Einen Unterschied machen – keinen Unterschied machen.

Hedonistisch sein, egoistisch sein – altruistisch sein, selbstlos sein, aufopfernd sein, umsorgend sein.

Geheimnisvoll sein, unnahbar sein, verschlossen sein – nahbar sein, offen sein.

Naiv sein – realistisch sein.

Sorglos sein – voller Sorgen sein.

Romantisch sein – routiniert sein.

Idealistisch sein – abgezockt sein.

Verspielt sein – vernünftig sein.

Anderen helfen – mir selbst helfen, mir helfen lassen.

Fatalistisch sein – kämpferisch sein.

Grob und brutal sein – zart und feinsinnig sein.

Kritisch sein – wohlwollend sein.

Anderen mit Wärme, Offenheit und Interesse begegnen – anderen mit Kälte, Abwehr und Desinteresse begegnen.

Geduldig sein – ungeduldig sein.

Schroff sein – zart sein.

Ausreden lassen – unterbrechen.

Besser zuhören – besser wissen.

Lieben – indifferent sein – hassen.

Lernend sein – abwehrend sein, mauernd sein.

Verschlossen sein – offen sein.

Freude haben – Gedanken haben – Sorgen haben.

In geistigem und materiellem Wachstum denken und handeln – in Bestandswahrung denken und handeln.

Affirmativ sein – kritisch sein.

Beschützend sein, hilfreich sein, unterstützend sein, solidarisch sein, verlässlich sein, verantwortlich sein – verlogen sein, hinterhältig sein, unfair sein.

Immer an das Gute glauben.

Immer in Möglichkeiten denken und handeln.

Im Einklang mit der Natur und ihren Ressourcen leben.

Den eigenen Körper pflegen und gesund erhalten.

Ich möchte meinen Bedürfnissen alles/Folgendes/nichts unterordnen.

Ich möchte meiner Karriere alles/Folgendes/nichts unterordnen.

Ich möchte meiner Familie alles/Folgendes/nichts unterordnen.

Ich möchte meinem Partner alles/Folgendes/nichts unterordnen.

Ich möchte meiner Partnerschaft alles/Folgendes/nichts unterordnen.

Ich möchte meinen Kindern alles/Folgendes/nichts unterordnen.

Ich möchte meinem Wohnort alles/Folgendes/nichts unterordnen.

Ich möchte möglichem Reichtum alles/Folgendes/nichts unterordnen.

Ich möchte meiner Selbstverwirklichung alles/Folgendes/nichts unterordnen.

Ich möchte meinem Idealismus alles/Folgendes/nichts unterordnen.

All das sind Werte beziehungsweise Ausgangspunkte, um Ihre Werte zu formulieren. Und Sie merken schon: Da sind auch ein paar Werte dabei, die nicht sonderlich kompatibel mit Partnerschaften und Liebesbeziehungen sind. Wichtig ist bei der Wertearbeit aber genau diese strikte Offenheit zu sich selbst, Sie müssen wahrhaftig sein und sich und Ihren Partner mit Ihrer eigenen Wahrheit konfrontieren. Sonst verpassen Sie Ihr Leben und nehmen Ihrem Partner die Chance auf seins.

Was Werte nicht sind: »nicht auszurasten«, »nicht egoistisch sein«. Grundsätzlich gilt: Verneinungen sind keine Werte beziehungsweise sind Werte von Toten. Tote können ebenfalls nicht ausrasten, nicht egoistisch sein und so weiter. Bemühen Sie sich entsprechend, Verneinungen aufzulösen, und konzentrieren Sie sich stattdessen darauf, was Sie alternativ machen können. Also statt »nicht ausrasten« »ruhig sein«, »gelassen sein«, statt »nicht egoistisch sein« »selbstlos sein«, »schenkend sein«.

Haben wir unsere Werte definiert und gefunden, dann sollten diese auch verbindlich sein. Werte sind absolut und apodiktisch. Werte kann man nicht nach Lust und Laune ein- oder ausschalten: »Ich möchte niemals lügen. Außer vielleicht heute Abend und am kommenden Sonntag.« Ein realistischer Wert wäre in diesem Fall: »Ich möchte zweimal die Woche lügen, aber nicht öfter.« Und Werte sind nicht relativ, sondern absolut: »Ich möchte nicht lügen« zu sagen und dann ein bisschen zu lügen klappt nicht. Dann muss Ihr Wert lauten: »Ich möchte immer ein bisschen lügen«, und nicht: »Ich möchte nicht lügen.« Falls Sie sich dabei ertappen, Werte formuliert zu haben, denen Sie sich nicht verpflichtet fühlen, haben Sie die falschen Werte für sich definiert und sich selbst, Ihren Partner, Ihre Partnerschaft und Ihr Leben belogen. Dann müssen Sie da noch mal ran und die Werte finden, für die Sie auch wirklich einstehen wollen. Bevor Sie die nicht gefunden und formuliert haben, ist diese Übung nicht beendet und Ihr Leben ohne bewusste Richtung.

Eine Herausforderung für jede Beziehung sind Werte auf Zeit. Werte auf Zeit sind erlaubt und manchmal auch notwendig. Grundsätzlich sollte es sich bei solchen temporären Werten immer um einen Zeitraum handeln, der Ihnen realistisch, sinnvoll, planbar und einzuordnen erscheint (ein Jahr, fünf Jahre, zehn Jahre, ab vierzig, bis vierzig, ein halbes Leben, ein ganzes Leben) und Ihrem

Partner die Chance gibt, sich dazu verhalten zu können. Diese müssen dann als temporäre Werte definiert und offen kommuniziert werden, also zum Beispiel:

Ich werde dich in den kommenden beiden Jahren rückhaltlos dabei unterstützen, dich beruflich neu zu orientieren (und danach bin ich wieder egoistisch).

Ich werde, bis unsere Kinder aus dem Haus sind, ein verlässlicher Partner und ein stabiles, freundliches und bereicherndes Familienmitglied sein (und danach schauen wir mal, was wir dann mit unserer Partnerschaft machen).

Ich werde bis zu meinem vierzigsten Geburtstag alles tun, um frei und autark zu bleiben (und danach kann ich mir vorstellen, mich zu binden und Verantwortung zu übernehmen).

Ich will die kommenden beiden Jahre verrückt, wild und frei leben (und werde dann unsere langjährige Partnerschaft wieder in der hohen Verlässlichkeit und Tiefe fortführen wie in den vergangenen zwanzig Jahren, weil ich dich liebe und du der wichtigste Mensch in meinem Leben bist).

Sobald die Kinder aus dem Haus sind, möchte ich mit Kindern nichts mehr zu tun haben (und mich zum Beispiel nicht um unsere Enkelkinder kümmern wollen, weil ich dann wieder mein altes Vergnügungsleben aufnehmen möchte und mir Reisen und Konzerte wichtiger sind als die Enkelkindbetreuung).

Ich will unsere Beziehung unbedingt fortführen, aber für den klaren Zeitraum der kommenden zwölf Monate an Sexorgien teilnehmen (weil ich so was noch nie gemacht habe und das jetzt einfach mal ausprobieren will, auch wenn ich dich tief und innig liebe und dich nicht verlieren möchte).

> Ich werde ab meinem siebzigsten Geburtstag nur noch auf meine
> eigenen Bedürfnisse hören (weil ich dann bald dement, krank
> oder tot sein werde und es in diesen letzten Jahren maximal auf-
> regend und krachend haben möchte).

Wie bei den grundsätzlichen Werten gilt auch bei den temporären: Wir müssen uns dazu bekennen, wahrhaftig sein, und wir
müssen unserem Partner die Chance geben, sich dazu verhalten zu
können. Unser Partner darf dann sagen: »Das ist schön für dich,
aber da mache ich nicht mit.« Und das gibt uns dann wieder die
Chance, uns zu dieser Wahrheit zu verhalten (siehe das Kapitel
»Alles anders: Hosen runter …« über Kommunikation). Bei den
grundsätzlichen Werten führt ein Dissens meist zur Auflösung
beziehungsweise zur Nichtaufnahme einer Beziehung. Bei den
temporären Werten führt ein Dissens meist zu einer Beziehungskrise, vielen Gesprächen und im Idealfall zu vertiefender Bindung
durch diese gemeinsame Auseinandersetzung, selbst wenn Sie
keine konsensuale Lösung finden.

Bei Werten belügen wir uns und andere sehr oft und merken es
nicht einmal. Wir sagen dann in einem Atemzug: »Ich möchte
doch unbedingt unsere Ehe retten« und »Ich möchte meine Be
dürfnisse leben« oder »Ich möchte nur das Beste für meine Kinder«
und »Ich werde nach den Sommerferien zu meinem neuen Partner
500 Kilometer weiter in den Süden ziehen«. Diese Aussagen passen
nicht zusammen und zeugen von einer inneren Werteverwirrung
oder einem äußeren Versuch, Nebelbomben zu werfen oder für
Verwirrung zu sorgen. Denn jeweils beide Aussagen schließen sich
aus. Wenn mein Wert ist: »Ich möchte jederzeit, immer alles dafür
tun, dass unsere Ehe Bestand hat«, dann passt das nicht zum Wert
»Ich möchte dieses Leben nutzen, um meine eigenen, egoistischen
Bedürfnisse zu leben«, außer Ihr ureigenes Bedürfnis wäre absolu-

ter Altruismus. Wenn mein Wert ist: »Ich möchte immer das Beste für meine Kinder tun«, dann passt das nicht zum Wert »Ich werde alles tun, um mit einem neuen Partner in einer verbindlichen und engen Partnerschaft den Rest meines Lebens zu leben«.

Alle vier Werteaussagen sind für sich genommen völlig in Ordnung. In der Kombination wird nur kein Schuh draus. In der Kombination lügt da jemand oder ist sich selbst nicht im Klaren darüber, was er eigentlich will und wer er sein möchte. Und das übersehen wir nur zu gern. Da haben wir einen blinden intellektuellen Fleck und belügen uns und andere damit gern. – Und ich bemühe mich dann immer sehr intensiv, mit diesen Klienten ihre Wahrheit zu finden und eine Entscheidung zu fällen für diesen oder jenen Wert. Und sich dann auch zu dieser inneren Wertewahrheit zu bekennen, sich selbst gegenüber und dem Partner gegenüber. Denn dieser hat unsere Wahrheit verdient. Auch wenn sie schmerzt oder die Reaktion unseres Partners auf diese Wahrheit uns wiederum schmerzt.

Werte sind jederzeit lebbar, beziehen sich also immer auf das Hier und Jetzt. Werte bedürfen keiner Begründung oder Rechtfertigung. Werte sind ganz schlicht Aussagen darüber, was uns in unserem Leben sinnvoll erscheint. Werte sind frei gewählt. Sie dürfen wählen, Sie bestimmen ganz allein Ihre Werte.

Werte sind präzise und spezifisch. Klienten schreiben oft: »Ich möchte ein guter Partner/ein guter Liebhaber sein.« Lösen Sie solche Formulierungen auf, da sie zu vage, zu abstrakt und zu unspezifisch sind und damit keine Hilfe darstellen. Nutzen Sie solche Formulierungen, um sich weitere Fragen zu stellen: »Welche Qualitäten hat ein guter Partner/ein guter Liebhaber?«, »Wie müsste ich mich verhalten, um ein guter Partner/ein guter Liebhaber zu sein?«, »Woran würden andere merken, dass ich ein guter Partner/ein guter Liebhaber bin?«, »Wie würde sich jemand verhalten, dem ich den Orden ›Bester Partner/Bester Liebhaber‹ et cetera verleihen würde?«. Schreiben Sie diese Aussagen auf. So präzise und differenziert wie möglich. Seien Sie detailverliebt.

Und vielleicht erschließt sich Ihnen jetzt auch der zweite Teil der Kapitelüberschrift »Warum von Anfang an zählt, was am Ende wichtig ist«. Werte definieren von Beginn einer Begegnung oder einer Partnerschaft an – bewusst, aber leider meist unbewusst –, wer sich da begegnet, wie sich diese Partnerschaft organisiert, welche Regeln in dieser Beziehung gelten und zu welchem Zweck oder Ziel diese Begegnung stattfindet.

Wenn ein Mensch mit dem Wert »Ich möchte die zwischenmenschliche Beziehung nutzen, um daraus maximalen Nutzen für die Befriedigung meiner Bedürfnisse nach Körperlichkeit, Aufmerksamkeit oder Anerkennung zu ziehen« in einer Partnerschaft auf einen Menschen trifft mit dem Wert »Ich möchte die zwischenmenschliche Beziehung nutzen, um gemeinsam zu wachsen und einander gegenseitig zu unterstützen«, dann ist die Krise eines solchen Paares programmiert. Wenn der Wert des Partners lautet: »Ich möchte die zwischenmenschliche Beziehung nutzen, um selbstlos alles zu geben, damit es meinem Partner gut geht«, dann könnte diese Beziehung gelingen, auch wenn ein Außenstehender sagen würde, dass sie auffällig asymmetrisch organisiert ist. Trifft ein Egoist auf einen Altruisten, dann kann diese Beziehung funktionieren, treffen zwei Altruisten zusammen, dann kann das auch klappen, treffen zwei Egoisten zusammen, dann gelingt das nie. Und dieses Gedankenexperiment können Sie mit fast allen Werten durchspielen. Entsprechend ist es so wichtig, sich seiner Werte bewusst und gewiss zu sein. Um sich selbst gegenüber verlässlich Auskunft zu geben, wer Sie sein wollen und wer Sie sind, und dem Partner die Chance zu geben, Sie so zu sehen, wie Sie sind, und nicht so, wie Sie sich gern sähen, oder so, wie Ihr Partner Sie gern sähe.

Natürlich können und sollten wir unsere psychologische Flexibilität, unsere inneren Freiheitsräume nutzen, unsere Werte immer wieder zu reflektieren und gegebenenfalls zu verändern. Und natürlich besteht die Chance, dass ein ausgemachter Egoist nach einigen Jahren Beziehung die Freuden von Kooperation, Altruismus, Geben und Schenken entdeckt und sich von seinen egoistischen Ursprungswerten löst, weil er in einer Liebesbeziehung etwas Größeres und Schöneres entdeckt als in den begrenzten Möglichkeiten des Egoismus. Aber *Lieben heißt wollen* wendet sich ja in erster Linie an Paare, die schon ein paar Jahre gemeinsamen Weges gegangen sind, und für diese Paare gilt: Stellen Sie sich Ihren Werten und den Werten Ihres Partners. Nehmen Sie einander in Ihren Werten ernst, es gibt keinen tieferen und realistischeren Blick auf die Möglichkeiten Ihrer Partnerschaft als durch Ihre Werte.

Ziele geben uns Auskunft darüber, *was* wir erreichen wollen (ein Haus, zwei Kinder, drei Segelboote, vier Pferde, fünfmal die Woche Sex). Werte geben uns Auskunft darüber, *wie* wir etwas erreichen wollen (freundschaftlich, auf Augenhöhe, brachial, egoistisch, einvernehmlich, hingebungsvoll, rücksichtslos, kooperativ, beschützend). Werte lassen uns entsprechend ganz tief in unsere Herzen, unsere Seele, unseren Charakter schauen.

Werte sind wichtig. Wichtiger als alles andere, wenn wir uns ihnen verpflichten und nach ihnen leben. Denn Werte münden in Handlungen, und Handlungen sind sichtbarer, fühlbarer, spürbarer Ausdruck unseres Selbst in Interaktion mit unserer Umwelt, mit unserem Partner. Wir wollen für unsere Handlungen geliebt oder bewundert werden. Besonders für die Handlungen, die im Einklang mit unseren Werten stehen, denn dort zeigen wir uns ja in unserem Wesen, in unserer Essenz. Unsere Handlungen sollen gesehen, gespürt, wertgeschätzt werden. Wir müssen uns an unseren Handlungen und nicht an unseren Potenzialen oder Idealen messen lassen.

Ich hätte dieses Buch entsprechend auch mit der Wertearbeit beginnen lassen können, ebenso meine paartherapeutischen Begleitungen. Allerdings fühlen sich viele Klienten zu Beginn einer Zusammenarbeit von der Wertearbeit überfordert, weil es eben keine oberflächliche Spielerei ist. Bei Werten geht es stets ums Ganze, es geht um die Tiefe, es geht um die Wurst. Deshalb initiiere ich die Wertearbeit mittlerweile immer im letzten Drittel einer Paartherapie und hier im Buch an einem Ort, an dem ich mir sicher bin, dass Sie durch die Lektüre des Bisherigen so viel über sich, über Ihren Partner, über andere Paare, über die Liebe, über psychologische Flexibilität, über Ihre inneren Freiheitsräume, über gelingende Beziehung, über Differenz, über Freundschaft, über Kommunikation, über Frieden und Bindung gelernt und mitgenommen haben, dass Ihnen diese Übung jetzt sinnhafter, besser und leichter von der Hand geht.

Beantworten Sie diese Fragen wirklich nach Ihrer eigenen inneren Wahrheit. Und nicht nach den Maßstäben, die eine äußere Umwelt an Sie stellt. Das ist schwieriger, als Sie glauben, und die Antworten gefallen Ihnen vielleicht selbst nicht.

Während der Schreibarbeit können Sie zwischendurch immer wieder mal die Augen schließen und sich das, was Sie gerade aufgeschrieben haben, vorstellen. Wo sind Sie? Was tun Sie gerade? Wie fühlt sich das an? Wie riecht die Luft? In welche Gesichter blicken Sie? Wie verhalten Sie sich? Wie verhalten sich die anderen? Fällt Ihnen dadurch noch ein weiterer Aspekt ein? Und so weiter. Ihrer Fantasie sind keine Grenzen gesetzt.

Seine Werte zu finden dauert lange und ist anstrengend. Überschätzen Sie sich nicht. Unterschätzen Sie aber auch nicht die positive Kraft, die die Wertearbeit entwickelt, wenn Sie sich damit beschäftigen. Die Übung sieht auf den ersten Blick sehr harmlos aus, da sie nur aus wenigen Fragen besteht, anhand deren Sie aber in die Tiefe Ihrer eigenen Gedanken, Wünsche, Haltungen steigen sollen. Arbeiten Sie konzentriert vielleicht nur an einer Frage, oder springen Sie zu Beginn der Arbeit von Frage zu Frage, von innerem Bild zu innerem Bild, von einer gedachten oder erlebten Situation zur nächsten, um zumindest die erste Schicht Ihres inneren Wissens abzutragen. Sie können jederzeit unterbrechen und wieder fortfahren. Manchmal fällt uns Tage später ein weiterer Aspekt ein, den wir nachtragen wollen, und dadurch kommt noch einmal eine ganze Schicht von weiteren Aspekten in Bewegung. Pausieren Sie immer wieder. Lassen Sie sich Zeit. Es besteht keine Eile. Das Ergebnis wird lohnend sein und Ihr Leben bereichern. Viele Klienten arbeiten mit dieser Vorlage mehrere Wochen, Monate, manche ein Jahr, und andere begleitet die Frage nach den Werten den Rest ihres Lebens, indem sie immer wieder Ergänzungen vornehmen und detaillierter und detaillierter werden. Alles ist erlaubt. Es lohnt sich. Das verspreche ich Ihnen.

Übung: Werte in der Partnerschaft

Die folgenden Leitfragen kreisen immer um dieselbe Perspektive. Sie können gern weitere Fragen dieser Art formulieren, um Ihre eigenen besten Ergebnisse bei dieser Übung zu erzielen, und Sie müssen nicht konsequent die Fragen einzeln beantworten. Sie sollen Ihnen nur helfen, in die richtige Haltung zu kommen, um Ihre Werte beschreiben zu können:

Wie möchte ich als Partner sein?

In welcher Art von Paarbeziehung möchte ich mich wie einbringen?

Worum geht es mir in meinen partnerschaftlichen Beziehungen?

Wer bin ich in den besten meiner Möglichkeiten als Partner?

Wie will ich mit meinem Partner umgehen, wie will ich meinen Partner behandeln?

Welche meiner Qualitäten und Stärken soll mein Partner permanent und in ganzer Fülle tagtäglich spüren und sehen?

Welche Eigenschaften von mir sollen meinem Partner auffallen?

Welche Eigenschaften von mir soll mein Partner zu meinem fünfzigsten/siebzigsten/achtzigsten Geburtstag bei einer Rede über mich hervorheben?

Was soll mein Partner später einmal über unsere gemeinsame Zeit erzählen?

Was soll mein Partner unseren Kindern über mich als Partner in einer Beziehung erzählen?

An welche Eigenschaften von mir als Partner soll sich mein Partner erinnern, wenn er auf dem Sterbebett liegt/wenn ich auf dem Sterbebett liege?

Wer soll auf meiner Beerdigung eine Rede mit welchem Inhalt über mein Agieren als Partner halten?

Was lasse ich meinen Partner wissen, wenn ich erfahre, dass ich nur noch zwei Tage zu leben habe?

Wer will ich sein in einer Paarbeziehung?

Wen sollen andere in mir sehen, wenn sie unsere Beziehung sehen?

Welche Talente möchte ich in meiner Partnerschaft weiter nutzen/ausbauen/zum Blühen/zum Strahlen bringen?

Was möchte ich unbedingt noch in mein Repertoire an Verhalten als Partner aufnehmen, was ich bislang noch nicht so gut kann?

Was möchte ich noch für meinen Partner tun, was ich bisher nicht gemacht habe?

Für welches Verhalten anderer Menschen in Partnerschaften habe ich Bewunderung und möchte gern auch so sein?

Welchen Orden für welche Eigenschaft hätte ich gern als Dank für mein Verhalten in meiner Partnerschaft?

Worin möchte ich meinen Partner noch unterstützen in meinem/seinem Leben?

_____

_____

_____

_____

_____

Antwortbeispiele

Die folgenden Antwortbeispiele sind bindungsorientiert. Seien Sie bitte unbedingt ehrlich, und wenn Ihre Werte weniger bindungsorientiert sind, schreiben Sie diese bitte dann genau in der Art und Weise auf, wie es sich für Sie richtig anfühlt, und nicht so, wie es zum Beispiel Sie selbst oder Ihr Partner vielleicht hören möchten. Und achten Sie darauf, dass in den Beispielen und Ihren Werten keine Verneinungen vorkommen, also kein Nichtverhalten und keine Nichthandlungen, sondern immer Handlungen und Verhalten:

Ich bin ein zugewandter, offener, humorvoller Partner.

Ich bin in einer Partnerschaft jederzeit ehrlich und aufrichtig.

Auch wenn ich zu leichter Panik neige, trete ich meinem Partner von jetzt an ruhig und gelassen gegenüber und habe jederzeit ein offenes Ohr für seine Sorgen und Themen.

Ich bin der Partner, der sich körperlich öffnet und auch Nähe von meinem Partner zulassen kann, wenn ich gerade eigentlich gar keine Nähe suche, aber das Bedürfnis meines Partners schätze ich höher ein als mein eigenes.

Ich unterstütze meinen Partner in allen Dingen des Haushalts/ jederzeit in allen Belangen, die er sich wünscht.

Ich übernehme die Verantwortung für unsere gesamte finanzielle Situation (oder zu spezifizierende Anteile) in unserer Beziehung.

Ich übernehme die Verantwortung für den gesamten Haushalt (oder zu spezifizierende Anteile) in unserer Beziehung.

Ich bin der festen Überzeugung, dass man an der Verbesserung einer Beziehung anhaltend arbeiten kann, und will dieser Überzeugung gerecht werden, indem ich zum Beispiel meinen Partner zu einem Tantra-Workshop begleite, weil er gern diese Erfahrung machen möchte, und mich auf dieses Abenteuer einlasse, auch wenn es mich jetzt erst mal nicht so interessiert.

Wenn mein Partner weint, werde ich ihn immer in den Arm nehmen und trösten, auch wenn er im Streit und in Wut über mich weint.

Wir werden nie im Streit ohne Aussöhnung einschlafen. Ich werde alles dafür tun, damit wir jeden Abend wieder in den Frieden finden, auch wenn wir uns tagsüber hier und da uneins waren.

Ich will mir die Urlaubswünsche meines Partners immer anhören und erfüllen (oder zum Beispiel jedes zweite Mal erfüllen). Wir können dazu Regeln aufstellen oder auch nicht, wir werden immer eine gute Lösung finden.

Ich werde manchmal auch schweigen und nicht alle Dinge benennen, die mich nerven, da ich weiß, dass Gedanken und Gefühle kommen und gehen und es manchmal auch nicht so wichtig ist, wenn mich etwas stört, weil das grundlegende Gefühl von Liebe und Zugewandtheit mir wichtiger ist, als jedes negative Gefühl äußern zu müssen.

Ich trage mein Herz nur auf der Zunge, wenn ich positive Gefühle und Gedanken habe.

Ich bin der Mensch, der seinen Partner auch in Krankheit und Sorge unterstützt und da ist, wenn es schwierig wird.

Ich will meinem Partner das geben, was er sich von mir wünscht.

Ich kann und will trösten oder Rat geben, je nachdem, was ihm gerade besser hilft.

Ich ermögliche meinem Partner die Freiheit, Dinge im Leben auszuprobieren, zu lernen, zu wachsen.

Ich bin der Partner, der seinem Partner immer wieder sagt und ihn das Gefühl spüren lässt, wie dankbar ich bin, dass wir zusammen sind; und auch wenn es manchmal schwierig und herausfordernd ist, weiß ich und lass es meinen Partner immer wieder wissen, dass es das Beste auf der Welt und in meinem Leben ist, dass wir ein Paar sind.

Ich will gemeinsam mit dem Partner wachsen.

Ich werde mich dem Kinderwunsch meines Partners stellen und ihm noch in diesem Jahr eine klare Haltung meinerseits formulieren, da ich möchte, dass mein Partner bezüglich meiner Haltungen und Wünsche Klarheit hat: Ich möchte ein klarer, offener Partner sein.

Falls ich einmal vom Weg abkommen sollte bezüglich unserer Liebe und Partnerschaft, werde ich nichts Übereiltes oder Überstürztes tun, was unsere Liebe weiter gefährdet, sondern in jeder Ernsthaftigkeit und in Ruhe prüfen, wie ich wieder auf den Weg der guten gemeinsamen Geschichte zurückkommen kann.

Ich möchte für meinen Humor und meine Intelligenz geliebt werden und werde mich deshalb immer wieder sowohl kurzweilig, witzig als auch geistreich zeigen.

Ich möchte für meine Eigenschaften als Liebhaber geliebt werden und werde deshalb ein guter, offener, zugewandter, experimentierfreudiger, gebender Liebhaber sein und zudem mit meinem Partner über seine Wünsche und unsere Sexualität und Körperlichkeit immer im Austausch und im Gespräch sein.

Ich will für meinen Körper geliebt werden und halte meinen Körper in guter Verfassung.

Wenn ich wütend bin, teile ich meinem Partner immer mit, dass ich gerade wütend bin, und bitte um ein paar Minuten Auszeit, damit ich mich wieder beruhigen kann.

Ich will gesund und aktiv leben. Ich bin einerseits verlässlich und ein Fels in der Brandung, ich bin aber auch lässig und verspielt, und ich werde mich so verhalten, dass mein Partner sich jeden Tag mindestens einmal für zwei Minuten bewusst daran erfreuen kann, dass er mich getroffen hat und wir uns lieben und füreinander entschieden haben.

Ich bin meinem Partner auch ein bester Freund und bester Ratgeber.

Ich teile meine Einnahmen mit meinem Partner und werfe alles, was ich habe, in einen gemeinsamen Topf.

Ich lasse meinen Partner an meinem Wohlstand teilhaben.

Wir werden Eigentum immer gemeinsam im Grundbuch eintragen lassen.

Wir werden all unsere Anschaffungen gemeinsam tätigen und auch dadurch unser Wir-Gefühl und Wir-Erleben stärken.

Wenn mein Partner mich kritisiert, höre ich mir diese Kritik offen und ruhig an, um dann offen und ehrlich zu entscheiden, ob ich diese Kritik annehme und Veränderung initiiere oder ihm mitteilen muss, dass ich mein Verhalten so wie bislang beibehalten möchte.

Ich lasse meinen Partner durch Worte und Handlungen anhaltend und jederzeit wissen, dass er sich auf mich verlassen kann.

Ich zeige mich in der Außenwelt immer solidarisch mit meinem Partner und stärke ihm vor anderen Leuten stets den Rücken.

In Abwesenheit meines Partners spreche ich wohlwollend, verständnisvoll und dankbar über ihn.

Ich werde mit zwei Freunden immer sehr offen über meinen Partner sprechen und mich bei diesen Freunden auch beschweren und beklagen, weil es mir guttut, genau mit diesen beiden Menschen so offen zu sprechen, auch wenn ich dadurch weniger solidarisch zu meinem Partner bin, als ich mir das vielleicht gedacht habe.

Ich werde meinen Partner in zwanzig Jahren oder jetzt darin unterstützen, seine Eltern zu pflegen, und bin bereit, dafür auf die Erfüllung eigener Bedürfnisse zu verzichten.

Ich begleite meinen Partner zu allen Geburtstagen seiner Herkunftsfamilie und werde das immer moglich machen.

Ich begleite meinen Partner zu allen geschäftlichen Abendterminen, wo ich seiner Meinung nach an seiner Seite sein soll, und werde das immer möglich machen.

Ich lasse meinem Partner jede mir mögliche finanzielle Unterstützung zukommen.

Ich werde aus Rücksicht auf meinen Partner unseren Wohnort beibehalten.

Ich kümmere mich bis zu deren Abitur so um unsere Kinder, dass
sich mein Partner immer wieder neu in mich verknallt, wenn er
mich mit unseren Kindern sieht.

Ich bin in erster Linie solidarisch mit meinem Partner, wenn es um
Konflikte geht, die wir mit unseren Kindern haben.

Ich bin immer solidarisch mit meinem Partner, wenn es um Konflikte mit unseren Herkunftsfamilien geht, die Solidarität gilt immer meinem Partner und nicht zum Beispiel meinen Eltern.

Ich achte auf meine Ernährung und meine Fitness und bin ein ge-
pflegter und schicker Partner.

Ich initiiere jährlich ein neues Kulturprogramm, da ich dafür erinnert werden möchte.

Ich zeige mich als Segler, Golfer, Skifahrer, Motorradfahrer,
Autofahrer, Koch, Maler, Dichter, Reiter, Hundefreund, Katzenlieb-
haber, Gärtner, Weinkenner, Musikkenner et cetera, weil ich weiß,
dass sich mein Partner permanent an dieser Eigenschaft erfreut.

Ich trinke immer nur so viel Alkohol, dass ich stets die Kontrolle
über meinen Körper oder meine Sprache behalte.

Ich trenne Arbeit und Privates. Ich bin in meinen Zusagen gegenüber meinem Partner mehr verpflichtet als gegenüber meiner Arbeit.

Ich bin pünktlich und verlässlich; wenn ich mal unpünktlich bin,
gebe ich via SMS umgehend Bescheid.

Ich nehme keine Anrufe entgegen oder lese keine SMS, wenn ich mit meinem Partner im Gespräch bin oder wir zum Beispiel gemeinsam einen Film schauen, bin also aufmerksam und gegenwärtig, wenn ich solche Dinge mit meinem Partner mache.

Mein Partner kann sich mit seinen Anliegen jederzeit an mich wenden.

Ich bin verständnisvoll, verlässlich, stark und unterstützend.

Ich beschütze meinen Partner.

Ich bin liebevoll.

Ich gebe Richtungen und Hinweise, falls sich mein Partner das von mir wünscht.

Ich mache Dinge möglich.

Ich bin ansprechbar.

Ich bin wertschätzend.

Ich bin kommunikativ.

Ich bin humorvoll.

Ich möchte meinem Partner Türen öffnen.

Mein Partner weiß, dass ich immer verlässlich für ihn da bin.

Ich will mit meinem Partner auch albern sein und zeige mich deshalb immer wieder albern und verspielt: Ich will meinen Partner auch zum Lachen bringen.

Ich akzeptiere, dass ich als Partner einen Preis für eine Beziehung bezahle, aber der Gewinn ist mir wichtiger.

Ich komme damit klar, dass ich Autonomie verliere, wenn ich als Partner meine Aufgabe in unserer Beziehung ernst nehme.

Ich bin interessiert an der Arbeit meines Partners.

Ich interessiere mich für das Erleben meines Partners.

Ich interessiere mich für die Ängste, Sorgen, Wünsche, Ideale und Hoffnungen meines Partners.

Ich lasse alles stehen und liegen, wenn mein Partner mich braucht.

Ich halte mich immer an Versprechen, die ich gebe.

Und damit Sie nicht zu eingeschüchtert von so viel bindungsorientierten Werten sind, hier noch eine kurze Variante in einer höheren Ambivalenz:

Eine Paarbeziehung ist mir grundsätzlich wichtig, und ich fühle mich mit einem Partner an meiner Seite wohl, aber Karriere und berufliche Erfüllung sind mir wichtiger als eine erfüllende Paarbeziehung.

Ich entscheide mich zwischen Beruf und Privatem nicht immer, aber tendenziell eher für den Beruf.

Meine beruflichen Risiken muss mein Partner mit mir tragen, auch wenn ich die entsprechenden Entscheidungen allein fälle.

Ich möchte jenseits meiner Partnerschaft regelmäßig allein oder mit meinen drei besten Freunden Zeit/Urlaube verbringen.

Meine Verpflichtungen gegenüber meinen Kindern sehe ich primär als finanzieller Versorger.

Um Dinge des Haushalts soll sich mein Partner kümmern, ich stelle unsere finanzielle Versorgung sicher.

Da ich den Hauptanteil unserer Gelder erwirtschafte, wird eventuelles Eigentum immer auf meinen Namen gekauft, und ich lasse mich allein im Grundbuch eintragen.

Sexuelle Abwechslung ist mir wichtig, und ich werde neben meinem Partner Affären haben, die ich nicht aktiv initiiere, aber zulasse, falls sie sich ergeben.

Sollte mein Partner krank sein, werde ich mich um mich selbst kümmern und mich erst wieder zeigen, wenn mein Partner gesund ist.

Mein Alkoholkonsum richtet sich einzig an meiner Lust zu trinken aus. Die Haltung meines Partners hierzu ist mir egal.

Ich bin ich, und du bist du.

Wenn mich etwas stört, teile ich das meinem Partner mit und erwarte, dass er entsprechende Veränderungen vornimmt.

Meine Sorgen und Ängste mache ich mit mir selbst aus. Erst wenn ich eine Lösung gefunden habe, lasse ich meinen Partner daran teilhaben.

Sollte mein Partner in Schwierigkeiten geraten, erwarte ich, dass er sich wie ein Erwachsener verhält und sich zuerst vernünftig, analytisch, ruhig und gelassen selbst hilft und voranbringt und mir das Ergebnis seiner Bemühungen präsentiert.

Ich schaue lieber Fernsehen oder surfe im Netz, als mir die Tageserlebnisse meines Partners anzuhören.

Auch so kann man in einer Partnerschaft leben. Ihr Partner hat aber diese Wahrheit verdient, damit er die Chance hat, hierzu ja oder nein sagen zu können.

Let's talk about sex!
oder Wie Sexualität in langfristigen Beziehungen gelingt

Zum Ende des Buches möchte ich mit Ihnen über Sexualität sprechen. Bevor Sie nach der Lektüre dieses Kapitels enttäuscht sind über das wenige, was Sie hier über Sex gelesen haben: Ich bin Paartherapeut und kein Sexualtherapeut. Themen der Sexualität spielen im Rahmen meiner paartherapeutischen Begleitungen immer eine Rolle, aber sie stehen nicht im Mittelpunkt der Herausforderungen, die Paare haben, wenn sie sich an mich wenden. Immer wenn mich ein Paar mit einer zentral sexualtherapeutischen Thematik, einer selbst als Störung wahrgenommenen sexuellen Realität, einer sexualmedizinischen Problematik konsultiert, leite ich es an sexualtherapeutische und sexualmedizinische Kollegen und Kolleginnen weiter. Trotzdem gibt es in jeder Paartherapie, die ich durchführe, natürlich einen Blick auf die gemeinsame Sexualität. Diese kurzen Ausführungen finden Sie hier. Vielleicht helfen Ihnen die Überlegungen. Falls Sie eine Herausforderung in Ihrer Sexualität haben, die damit nicht in eine Verbesserung und Veränderung zu führen ist, bitte ich Sie, zu entsprechender weiterführender Literatur zu greifen und einen Sexualtherapeuten aufzusuchen.

Und vorweg auch noch diese Bemerkung: Ich bin nicht der Meinung, dass gelingende Partnerschaft nur in einer gelingenden gemeinsamen Sexualität stattfinden kann. Wenn ein Paar gemeinsam entscheidet, dass Sexualität kein Thema für seine Beziehung ist, dann ist das für mich in Ordnung. Dann sage ich nicht: »Sie haben aber keine wirkliche, wahre, echte Beziehung miteinander, solange Sie die Sexualität außen vor lassen.« Egal, ob jeder der beiden für sich nichtsexuell lebt oder ob beide oder ein Partner jeweils im Außen eine Sexualität mit anderen Menschen lebt.

Sollten Sie sich aber – wie die meisten Paare – für eine gemeinsame sexuelle Beziehung innerhalb Ihrer Partnerschaft entschieden haben oder interessieren, dann sind die Herausforderungen in langjährigen Paarbeziehungen bezüglich einer erfüllenden Sexualität am besten analog zur Veränderung unserer Beziehung aus der Phase der Verliebtheit in die Phase der Liebe zu verstehen. Oftmals geschieht dies gleichzeitig, manchmal aber auch in einer Art Phasenverschiebung Monate oder Jahre später. Die Bewegung an sich ist jedoch die gleiche: Aus der Phase der wilden, leidenschaftlichen, spontanen, zügellosen Körperlichkeit verändert sich unsere Paarsexualität in Richtung routinierter, nur noch selten initiierter Gleichförmigkeit, die uns freudlos, frustriert zurücklässt, manchmal ängstigt und in Summe nicht erfüllend ist, sodass Vermeidung eine Strategie der sexuellen Beziehung wird. Und in dieser Phase kommen Paare zu mir.

Ähnlich wie bei der Verliebtheit findet spontane, leidenschaftliche Sexualität in unseren Stammhirnregionen statt und wird durch einen Cocktail an Botenstoffen befeuert, dessen Hauptzutat Adrenalin ist. Und auch hier gilt, was für die Verliebtheit galt: Für den Körper stellt die hohe Ausschüttung von Adrenalin Gefahr dar, und unser Körper bemüht sich, diese Ausschüttung einzudämmen (siehe das Kapitel »Worüber wir sprechen, wenn wir von Liebe sprechen ...«). Nach wenigen Monaten, nach ein, zwei Jahren spätestens, verlieren wir unsere Geilheit, die hemmungs- und zügellose Lust auf unseren Partner und diesen fremden Körper, den fremden Duft, den fremden Geschmack, der uns nun immer vertrauter wird und nichts Fremdes oder Geheimnisvolles mehr hat. Der Körper unseres Partners wird so aufregend wie unser eigener Körper, den wir gelangweilt und erregungslos im Spiegel betrachten und an dem wir nur noch die Fehler und nicht mehr das Schöne zu sehen glauben.

Eine Strategie für ein Paar kann es nun sein, unterschiedlichste Spielarten der Körperlichkeit, Sexualität oder Lüsternheit in sein Leben zu holen. Ein Paar kann an seinen Techniken feilen, Neues ausprobieren, Sextoys kaufen, gemeinsam Pornografie konsumieren, einen Dessous-, Lack- oder Lederfetisch initiieren, in Swingerclubs gehen, private Sexorgien veranstalten, einen Dreier organisieren, sich piercen, tätowieren lassen, Spielarten von SM oder BDSM erlernen und so weiter, und so fort. Die Strategie eines Paares ist es dann, Fremdes, Neues in seine Sexualität zu holen und dadurch wieder in den Adrenalinkick des Anfangs zu kommen. Unsere sexualisierte Gegenwart, das Internet, Foren, Plattformen, Bücher bieten sowohl für jede Frage viele Antworten, für jede Lust einen richtigen Ort als auch genügend Inspiration, sein eigenes sexuelles Repertoire zu erweitern. Und natürlich ist es möglich, dass ein Paar verbesserungswürdigen Sex hat und durch einige Gespräche miteinander und über die eigenen Fantasien und Lüste zu einer besseren gemeinsamen Sexualität kommt (siehe das Kapitel »Die drei Ebenen von Information bei Paaren ...«).

Die schlechte Nachricht bei all diesen äußeren Erweiterungsformen der vorhandenen Paarsexualität ist jedoch: Was am Anfang verrückt und aufregend war, wird auf Dauer auch wieder Routine und Langeweile. Nach 300 Stunden Pornokonsum werden Sie sämtliche Körperöffnungen und sämtliche Körperflüssigkeiten eines Menschen kennen, nach hundert Besuchen im Swingerclub wird Ihnen der Club langweiliger als der Robinson-Club vorkommen, und nach Ihrer fünfzigsten Privatorgie werden Sie sich nach einem gemütlichen Fernsehabend auf dem Sofa sehnen. Unser Körper und Verstand, unser Gehirn und unsere Botenstoffe gewöhnen sich an alle Eskapaden. Und auch wenn heutzutage vieles möglich ist, werden Sie doch nicht in der Lage sein, das Eskapadenrad immer weiter zu drehen, damit der Kick, die Sensation, das Adrenalin bleibt. Die körperchemische Wahrheit ist: Wenn Sie der Adrenalinkarotte von äußeren Reizen hinterherlaufen, haben Sie keine Chance auf eine langfristig erfüllende und beglückende gemeinsame Sexualität. Außer Sie vergessen jeden Morgen, wie toll die Nacht und Ihr Partner war, und freuen sich dann wieder im Zustand des Nichtwissens auf die kommende Nacht. Aber dann haben Sie als Paar keine Herausforderung bezüglich Ihrer Sexualität und werden deshalb jetzt genau diese Zeilen auch gar nicht lesen.

Wenn beim Übergang von Verliebtheit zur Liebe die Rettung in der inneren Anerkennung der Liebe und die bewusste Entscheidung für die Liebe liegt, worin besteht dann in der Sexualität die Rettung, sobald uns das Adrenalin im Stich lässt? Ich unterscheide zwischen einer Sexualität der Leidenschaft und einer Sexualität der Intimität. Die Rettung und einzige Chance auf eine gemeinsame erfüllende und bereichernde Sexualität in einer langjährigen Partnerschaft besteht in der Entdeckung der Intimität und der bewussten Entscheidung für eine Sexualität der Intimität. Was bedeutet das?

Leidenschaftliche Sexualität ist uns vertraut. Im Zustand der leidenschaftlichen Sexualität sind wir geil, wir reißen uns die Klamotten vom Leib, vögeln in der Küche, knutschen in der U-Bahn, fummeln auf der Straße. Sex geschieht spontan, weil wir beide

Lust aufeinander haben, geht mal ganz schnell, dauert mal ganz lang, ist kurz und schmutzig, dann wieder lang und schwitzig. Oft haben wir ein Glas Alkohol getrunken, eine Zigarette geraucht, waren gemeinsam auf einer Party oder zu einem Essen und schlafen dann noch miteinander, weil wir beide aufeinander Lust haben. Es ist dunkel, wir haben die Augen geschlossen und konzentrieren uns auf unser eigenes Erleben, Empfinden und Wollen. Wir geben, was wir können, sind aber sehr mit uns selbst, der Erfüllung unserer Lustbedürfnisse und dem Erleben des anderen Körpers an unserem Körper beschäftigt. Wir nutzen ein Außen, um uns zu spüren, unsere Bedürfnisse zu befriedigen. Leidenschaftliche Sexualität ist darstellbar oder vermittelbar: in Filmen, in Bildern, in pornografischen Clips, in Büchern, in purer Körperlichkeit, in konkreten wie auch symbolischen Handlungen, in Songs, in Tänzen, in Andeutungen und Gesten. Wir haben ein inneres Bild vor uns, wenn wir von leidenschaftlicher Sexualität sprechen. Unsere Gesellschaft produziert sowohl die Sehnsucht nach einer solchen Sexualität, da diese vermarktbar und kapitalisierbar ist, als auch die Bilder einer solchen Sexualität, weil sie reproduzierbar und inszenierbar sind. Ganze Industrien leben von dem Versprechen, leidenschaftliche Sexualität zu ermöglichen und zu befördern. Durch die Brille der Neurowissenschaften ist diese Form der Sexualität einerseits zentral von Adrenalin gesteuert und findet andererseits vorherrschend durch Stammhirnreize beziehungsweise durch Stammhirnaktivitäten statt.

Intime Sexualität, so wie ich und andere Kollegen diesen Begriff nutzen und verstehen, hat damit kaum etwas bis nichts zu tun. Intime Sexualität ist eine Sexualität der Ruhe, der Intensität. Eine Sexualität der Verabredung. Sie findet nicht ausschließlich, aber auch ohne Alkohol und Drogen statt. Tagsüber oder mit Licht an. Sie ist selten kurz und meistens lang. Intime Sexualität ist zarte, lange Berührung, aber auch engagierte Härte. Sie ist zarte Welle und intensiver Sturm. Intime Sexualität kennt ein nichtkörper-liches Vorspiel durch Gespräche über unsere Wünsche. Und ein körperliches Vor–, Haupt- und Nachspiel in der Hinwendung, und zwar in der Hinwendung zu den Wünschen und Bedürfnissen meines Gegenübers. Intime Sexualität ist der Dienst am anderen. Der Wunsch, die Wünsche unseres Partners aus Liebe zu ihm zu erfüllen.

Leidenschaftliche Sexualität ist oftmals eine Wenn-dann-Sexuali-tät. Wir definieren Zustände, von denen wir uns und unseren Part-ner glauben machen, dass, wenn diese eintreten, dann Sex möglich ist. Das kann von Romantik, Urlaub, Entspannung, Alkohol bis zu grundlegendem Vertrauen als Wenn-Kategorie führen. Wenn-dann-Konstruktionen sind aber, wie in allen anderen Paarberei-chen auch, primär keine Ermöglicher, sondern Verhinderer – in diesem Fall verlässliche Verhinderer von sexueller Begegnung – und werden deshalb gern als Strategie der Abwehr eingesetzt. In-time Sexualität hingegen findet statt, weil wir uns darauf geeinigt und verabredet haben, dass sie geschieht, nicht, weil wir spontan Lust haben, und nicht, weil eine Wenn-dann-Verknüpfung sich gerade erfüllt. Intime Sexualität findet statt, weil wir uns dafür entschieden haben. Intime Sexualität ist keine Show, sondern Wahrhaftigkeit. Wir spielen uns nichts vor, sondern sprechen über unsere Versagensängste, über unseren Ekel, über unsere Grenzen, über unsere Wünsche, unsere Fantasien, über unser Kopfkino, über unseren Mindfuck. Intime Sexualität ist eine Sexualität der Tiefe und des Sehen-und-gesehen-Werdens. Durch die geöffne-ten Augen und das Einander-Sehen geschieht die Magie der An-erkennung und des Erkennens: Wir erkennen in unserem Partner denjenigen, mit dem wir eine Geschichte teilen. Eine Geschichte, die schon lange geht, eine Geschichte, die aktuell ist, eine Ge-schichte, die fortgeführt wird. Die Geschichte unseres Lebens. Wenn sich unsere Blicke in der Körperlichkeit treffen, sehen wir

Vergangenheit, Gegenwart und Zukunft. Der Rausch der Dauer, das Erkennen der Ewigkeit bringt uns zum Leuchten, unser Gehirn wird ein neuronales positives Funkeln und Strahlen.

Leidenschaftliche Sexualität ist eine Sexualität des Nehmens, intime Sexualität eine Sexualität des Gebens. Leidenschaftlicher Sex dient in erster Linie meiner Bedürfnisbefriedigung. Mein Partner ist Werkzeug, um meine Wünsche zu erfüllen. Leidenschaftlicher Sex ist entsprechend ein sehr egoistischer Sex. Hart formuliert, spielt es eigentlich gar keine Rolle, wer mein Gegenüber ist. Eine Sexualität der Intimität hingegen lebt genau von dieser spezifischen Anerkennung des Gegenübers. Das Wesentliche ist das Begreifen und Erleben, dass es genau jetzt mit genau diesem Menschen passiert und dass uns eine große und wichtige Geschichte miteinander verbindet. Intimer Sex ist eine Sexualität des Miteinanders. Die nur in Verbindung mit genau diesem einen Menschen jetzt funktioniert. Wesentlich ist nicht meine Bedürfnisbefriedigung, sondern mein Gegenüber und der Raum und die Aura, die im Miteinander entstehen. Intime Sexualität kann deshalb auch nie zu Anbeginn einer Beziehung geschehen. Intime Sexualität braucht eine Geschichte, braucht Dauer, braucht Wiederholung. Intime Sexualität ist in den Begrifflichkeiten der drei Aggregatzustände von Partnerschaft eine Sexualität der Freundschaft. Leidenschaftliche Sexualität eine Sexualität der Leidenschaft und der damit verbundenen Begrenzungen (siehe das Kapitel »Was Partnerschaft ist …«). Und keine Sorge, Sie dürfen (falls Sie das wollen) weiterhin Sextoys kaufen, gemeinsam Pornografie konsumieren, einen Dessous-, Lack- oder Lederfetisch initiieren, in Swingerclubs gehen, private Sexorgien veranstalten, einen Dreier organisieren, sich piercen, tätowieren lassen, Spielarten von SM oder BDSM erlernen, aber Sie werden etwas anderes, Tieferes erleben, wenn Sie sich gemeinsam dieser Geschichte widmen, darüber vertrauensvolle Gespräche führen und nicht nach dem

Adrenalinkick und der Befriedigung eigener Trips durch äußere Reize suchen, sondern nach der Vertrautheit, der Intimität und der Erfüllung der Wünsche Ihres Partners streben und dies tief in Ihrem Inneren verankern und spüren. Und da Ihr Partner das auch tut, bleiben Ihre Bedürfnisse dabei nicht auf der Strecke. Also keine Panik.

Die Belohnung für intime Sexualität ist die Ausschüttung der Botenstoffe Endorphin (Freude), Dopamin (Glück) und Oxytocin (Bindung) sowie eine Aktivität, die vornehmlich im Groß- und Vorderhirnbereich stattfindet. Egal, ob wir glauben, mittlerweile zu fett, zu alt zu sein, oder ob unser Partner nicht mehr in jener äußeren Schönheit blüht, die uns im Anbeginn unserer Beziehung so verzaubert hat. Intime Sexualität erkennt die Schönheit der gemeinsamen Sexualität in der konkreten Begegnung, im Umstand, dass es geschieht, dass es genau zwischen diesen beiden Menschen geschieht, die diese gemeinsame Geschichte verbindet, dass es jetzt geschieht.

Intime Sexualität ist nicht interessiert an Äußerlichkeiten, an Oberfläche. Intime Sexualität ist ein Seelenfick und Seelenkick. Die Begegnung des Inneren. Intime Sexualität ist nicht darstellbar, sondern nur erlebbar. Deshalb finden Sie auch kaum Darstellungen oder Narrative zu intimer Sexualität. Sie ist nicht in Bilder zu fassen, nicht in Hollywood, nicht in Bollywood; und sie ist nicht als Drei-Minuten-Song transportierbar. Niemand kann an intimer Sexualität verdienen, da es keine Produkte gibt, mit denen man sie herstellen könnte. Sie kommen intimer Sexualität durch Slow-Sex- oder Tantra-Seminare und Rituale auf die Spur, aber in erster Linie ist intime Sexualität eine Entscheidung der Weisheit, im Herzen, mit unserer Seele. Das ist das Tolle, das Individuelle, das Besondere, das Einzigartige an intimer Sexualität. Und wer einmal von ihr gekostet hat, der will nichts anderes mehr. Intime Sexualität ist eine Sexualität der Vertrautheit und Vertiefung, sie kann nur in langen Beziehungen entstehen. Verpassen Sie diese Chance nicht, und vergeuden Sie Ihre Zeit in einer langjährigen Partnerschaft nicht damit, der oberflächlichen leidenschaftlichen Sexualität nachzutrauern oder hinterherzulaufen. Intime Sexualität basiert auf dem gegenseitigen Verständnis, dass wir füreinander da sind, einander dienen und helfen wollen, uns dort berühren und küssen, wo wir es wollen, wo der andere es will, nicht da, wo ich es will, wenn ich gebe und aktiv bin, sondern da, wo und wie es mein Partner sich wünscht. Intime Sexualität ist das tiefe Begreifen des Außergewöhnlichen im Miteinander. Und auch wenn Sie dann trotzdem miteinander im Swingerclub sind, werden Ihre Gedanken nicht sein: »Wie toll, das wollte ich schon immer.« Sondern: »Wie toll, dass wir auch diese Erfahrung gemeinsam machen können. Wie toll, dass du mein Partner bist, mit dem ich schon so vieles erlebt habe, Schwieriges, Dummes, Glückliches, Einzigartiges; und nun sind wir auch noch hier und teilen dies miteinander und sind füreinander da. – Und wenn wir es doof finden, gehen wir wieder und schauen uns eine romantische Komödie zu Hause auf dem Sofa an und haben auch einen tollen Abend.« Wenn Ihr Verstand Ihnen diese Gedanken schenkt, werden Sie eine intime gemeinsame Sexualität erleben, die alles in den Schatten stellt, was Sie sich jemals haben vorstellen können. Und mit weniger sollten Sie sich nicht zufriedengeben.

Jenseits dieser zentralen Botschaft und der dringlichen Einladung, intime Sexualität durch eine Entscheidung für diese Form der Sexualität in Ihr Leben zu holen und zu leben, gibt es in meinen paartherapeutischen Prozessen immer wieder folgende Felder, die regelhaft zu Konflikten in Beziehungen führen und die ich deshalb noch kurz erwähnen möchte.

Der Pathologisierungsreflex im Streit über Sexualität

Streite über Sexualität eskalieren gern. Alles, was Sie in diesem Buch über psychologische Flexibilität, Zuhören, Anerkennen, Raumgeben, Ruhebewahren, Tiefatmen gelernt haben, sollten Sie bei Gesprächen über Ihre gemeinsame Sexualität intensiv praktizieren. Wie in vielen anderen Belangen einer Beziehung ist das zentrale Erleben, auch wenn wir über unsere sexuellen Wünsche, Hoffnungen oder Muster sprechen, ein Erleben von Differenz.

Beschimpfen Sie deshalb Ihren Partner bitte nicht, nur weil er andere Bedürfnisse oder Wünsche hat als Sie. Halten Sie die Differenz aus. Die Differenz ist nicht Ihr Feind, sondern Ihre Wahrheit. Und wie in vielen Bereichen von Partnerschaft gibt es auch und besonders in der Sexualität Verlangensschwächere und Verlangensstärkere. Der Verlangensschwächere möchte x-mal, der Verlangensstärkere x- plus n-mal im Monat Sex. Auch das ist Differenz, die Sie in die Akzeptanz führen müssen. Vermeiden Sie in Gesprächen über Ihre Sexualität oder Ihre Nichtsexualität unbedingt Beschimpfungen und besonders Urteile, die sich in der Verkleidung einer Diagnostik neutral tarnen oder in einem Pathologisierungsreflex objektiv tun. Im Regelfall ist niemand frigide, krankhaft asexuell, sexsüchtig, pathologisch triebgesteuert, traumatisiert, pervers, widerlich, eklig und dergleichen mehr. Das sind in erster Linie unsere Abwehrkämpfe, sie erzählen uns etwas über uns selbst und nie die Wahrheit über unseren Partner.

Regulieren Sie sich entsprechend: Verbieten Sie sich solche Gedanken und Worte. Und wenn Sie sie nicht in den Griff bekommen, dann sprechen Sie sie wenigstens nicht aus. Stellen Sie sich der Wahrheit Ihres Partners, und verhalten Sie sich dazu, indem

Sie ja oder nein sagen. Das ist alles, was Ihr Partner hören möchte und womit er etwas anfangen kann. Alles andere ist unnötig, partnerschaftsschädigend, destruktiv und konfliktverstärkend.

Der Umgang miteinander jenseits der Sexualität

Wer ficken will, muss freundlich sein. Sexualität ist eine Kommunikationspraxis in der Beziehung (siehe das Kapitel »Die drei Ebenen von Information bei Paaren …«). Wenn ich mich ansonsten nicht nett und freundlich oder zugewandt und offen verhalte, kann ich keine freudige, offene Sexualität erwarten. Hier gelten die Sätze »Ich will mir nicht den Schwanz von den Lippen lutschen lassen, die mich kurz davor noch beleidigt haben« beziehungsweise »Ich will mir nicht die Muschi von der Zunge lecken lassen, die mich seit Monaten beschimpft und kleinmacht«.

Sie können sich nicht den ganzen Tag wie ein Eisklotz, ein Berserker, ein Kritisierer, ein Arroganter, ein Aggressiver, ein Wütender, ein Miesling, ein Unversöhnlicher aufführen und dann im Bett Liebe, Zuneigung, Wärme, Körperlichkeit, Sexualität und Hinwendung erwarten. Wenn Sie als Paar eine ausgeprägte Kultur des Versöhnungssex praktizieren, dann bleiben Sie meinetwegen dabei. Wenn Sie aber den ganzen Tag auf Krawall oder Abwehr gebürstet sind und sich dann wundern, warum es mit der Sexualität und der Intimität nicht klappt, dann wissen Sie es jetzt.

Sexuelle Praktiken und Spielarten

Im Zentrum des gesamten Buches *Lieben heißt wollen* steht die Idee der inneren Freiheit, der psychologischen Flexibilität und damit die zentrale Idee, Überzeugungen, Affekte, spontane Reaktionen oder tradierte Lösungsvorschläge loszulassen, zu überwinden und neue, andere Antworten, Handlungen und Strategien zu finden, um den Herausforderungen einer Partnerschaft anders zu begegnen und das gemeinsame Miteinander in höheren Frieden und größere Harmonie zu führen.

Das gilt auch für die Sexualität. Wenn Sie daran festhalten, Sexualität nur in einer speziellen oder spezifischen Spielart leben zu wollen und zu können, dann verpassen Sie etwas, und zwar etwas ganz Entscheidendes.

Erlauben Sie sich weiterhin, Ihre eigenen Wünsche und Fantasien zu äußern und mit Ihrem Partner darüber im Austausch zu stehen, erlauben Sie Ihrem Partner, ja oder nein dazu zu sagen, ohne dass daraus ein Drama wird. Erlauben und verpflichten Sie sich aber bitte auch zu der Offenheit und Freiheit, die unterschiedlichsten Spielarten der Sexualität in Ihr Repertoire der gemeinsamen partnerschaftlichen, liebevollen Sexualität aufzunehmen und zuzulassen, selbst wenn diese spontan nicht Ihren ureigensten Wünschen und Fantasien entsprechen. Inszenieren Sie Rollenspiele oder eine Begegnung von Dominanz und Unterwerfung, lassen Sie aber auch Kuschelsex auf Augenhöhe zu. Verabreden Sie sich auf lange und intensive tantrische Begegnungen, und erlauben Sie gleichzeitig schnellen Sex. Wer der Meinung ist, er könne nur in einer und dann auch noch nur speziellen Form Sexualität leben, geben oder empfangen, der bleibt unter seinen Möglichkeiten als Mensch und verhält sich regressiv und kleinkindlich. Auch wenn er darauf besteht, den Dom zu geben, und selbst wenn er seine favorisierte Sexualpraktik erst mit fünfunddreißig oder vierzig Jahren entdeckt. Indem ich dann daran festhalte, dass es von nun an nur noch so oder gar nicht geht, manövriere ich mich und meine Beziehung in eine Sackgasse und mich als Partner ins Aus. Das kann nicht Ziel einer gemeinsamen Sexualität sein. Sexualität ist wie alle anderen Bereiche einer Partnerschaft ein Spiel der Flexibilität, der Veränderung, des Zulassens, der Varianz, der Entdeckung, der Neugierde, nicht des Beharrens auf einem einzigen Weg. Intime Sexualität ist aktiv, fluide, variabel und grenzenlos – nicht reaktiv, starr, eng oder limitiert.

Beschweigen

Auch wenn wir in einer entblößten durchsexualisierten Gesellschaft leben, die permanent Vorformen oder konkrete Formen des leidenschaftlichen Sex in Filmen, Werbung, Andeutungen inszeniert: Das Gespräch über Sexualität, gerade mit dem Partner, fällt vielen Menschen weiterhin schwer. Ich hatte Paare in meiner Praxis, denen war die Thematisierung ihrer Sexualität so unangenehm, dass sie sich lieber von ihrem Partner getrennt haben, als das Gespräch mit ihm darüber zu führen.

Tappen Sie nicht in diese Falle. Lesen Sie sich nochmals die Antwortbeispiele der Ebene Körperinformation im Kapitel »Die drei Ebenen von Information bei Paaren ...« durch, wiederholen Sie die Lektüre des vorliegenden Kapitels, geben Sie sich einen Ruck, und sprechen Sie über Ihre Wünsche, Ihre Angst, Ihre Fantasien, Ihre Grenzen. Holen Sie das Thema Ihrer Sexualität in Ihre Gesprächsroutinen, in die Normalität und den Alltag Ihrer Beziehung, so wie das Gespräch über das Wetter, den Milchkauf, die kaputte Glühbirne – Ihr Partner, Ihre Partnerschaft, Ihre Liebe und Ihr Sexleben werden es Ihnen danken.

Lassen Sie uns, bevor wir zum Schlusswort kommen, noch einmal zusammenfassen, welche Aspekte für eine positive Veränderung Ihrer Sexualität in Ihrer Partnerschaft essenziell sind, falls Sie sich entschieden haben, in Ihrer Partnerschaft eine erfüllende und aktive Sexualität miteinander leben zu wollen:

Keinen, wenigen oder wenig guten gemeinsamen Sex in einer langjährigen Beziehung zu haben entspricht eher der Normalität als der Ausnahme. Machen Sie sich also keine allzu großen Sorgen, wenn Sie aktuell noch zu wenig oder zu wenig guten Sex in Ihrer Beziehung haben.

Nehmen Sie Abschied von der Idee, dass Sex in einer langjährigen Beziehung spontan passieren muss und auf vorhergehender unstillbarer Lust basiert.

Kreieren Sie keine Wenn-dann-Fallen, die führen nämlich verlässlich zu keinem Sex. Und keinen Sex können auch Tote haben. Sie aber sind lebendig. Keinen Sex werden Sie nach Ihrem Ableben noch lange genug haben (siehe hierzu meine Erläuterungen im Kapitel »Wertearbeit in der Partnerschaft ...«). Sie können auch Sex haben, wenn Sie eigentlich zu müde sind, sich zu dick fühlen, zu gestresst, zu genervt, zu abgelenkt. Sie fahren ja auch noch ganz ordentlich die restlichen 400 Kilometer mit dem Auto aus dem Urlaub nach Hause, obwohl Sie eigentlich total übermüdet sind.

Trennen Sie streng zwischen leidenschaftlichem und intimem Sex: Leidenschaftliche Sexualität sucht nach der äußeren Erfüllung einer Vorstellung, die ich in mir trage. Der leidenschaftlichen Sexualität ist es letztendlich egal, wer mein Gegenüber ist, das mir meine Wünsche erfüllt. Leidenschaftliche Sexualität sucht nach der inszenierten Wiederholung eines Erlebens, das ich vielleicht schon mit unterschiedlichen Partnern erlebt habe. Leidenschaftliche Sexualität ist Kopfkino, eine Sexualität der inneren Bilder und Projektionen. Wir sind nur unser Körper. Leidenschaftliche Sexualität ist immer eine Ich-Verwirklichung. – Intime Sexualität ist das Wissen, dass zwischen zwei Menschen jeweils eine andere, eine neue, eine einzigartige Sexualität entsteht und diese sich genau zwischen diesen beiden Menschen erst entwickelt, wächst und blüht. Intime Sexualität ist eine Sexualität der Weisheit und der Seele, des gegenseitigen Sehens, Erkennens und des Gesehenwerdens. Wir sind mehr als unser Körper. Wir nutzen ihn, um ein tieferes Erleben zu initiieren. Intime Sexualität ist eine Sexualität der Vertiefung und der Dauer. Intime Sexualität ist immer eine Wir-Verwirklichung.

Akzeptieren Sie, dass in langjähriger Partnerschaft primär die Verwirklichung von intimer Sexualität möglich ist. Leidenschaftliche Sexualität ist eine Sexualität der Fremde und Distanz. Intime Sexualität eine Sexualität der Vertrautheit und Nähe.

Verabschieden Sie sich von Ihrem alten Fastfood-Heißhunger auf Adrenalin, und erfreuen Sie sich als neuer Sexgourmet an Dopamin, Endorphin und Oxytocin.

Besprechen Sie Ihren Sex vorab. Was wünsche ich mir? Was wünschst du dir? Was wünschen wir uns? Was will ich noch erleben? Was willst du noch erleben? Was wollen wir noch erleben? Womit würdest du mich glücklich machen? Womit würde ich dich glücklich machen? Womit würden wir uns glücklich machen? Was kann ich anders machen? Was kannst du anders machen? Was können wir anders machen?

Verabreden Sie sich zum Sex. Idealerweise nicht um 23.00 Uhr, sondern tagsüber oder am Abend um 19.00 oder 20.00 Uhr. Tragen Sie Ihren Sextermin in Ihren Kalender ein. Halten Sie sich an den Termin.

Treffen Sie sich nackt und im Bett. Wenn Sie nach einer Weile Erfahrung mit Ihren Sexterminen haben, können Sie sich auch an anderen Orten und in der Bekleidung treffen, die Sie miteinander vereinbart haben.

Treffen Sie sich nüchtern oder ohne allzu viel Alkohol oder Drogen im Blutkreislauf.

Lassen Sie das Licht an. Lassen Sie die Augen auf. Der Zauber entsteht, wenn wir uns anschauen und beieinander miteinander sind.

Intime Sexualität passiert nicht einfach so. Intime Sexualität ist eine innere Haltung. Sie ist Sprache und Handlung. Intime Sexualität ist eine Entscheidung, gemeinsam dahin zu gehen, wo die Magie beginnt. Wagen Sie diesen Schritt. Ihr Leben wird es Ihnen danken.

Schlusswort
oder Wie Sie Ihre inneren Freiheitspotenziale nutzen und verbindende, tiefe Liebe leben

Wir sind nun am Ende von *Lieben heißt wollen* angelangt. Sie sind nach der Lektüre des Buches ein anderer Mensch als zuvor: Sie wissen mehr über sich selbst, mehr über Ihren Partner, mehr über das Wesen von Liebe und Partnerschaft. Sie können Verliebtheit von Liebe unterscheiden. Sie wissen, dass Liebe primär eine Entscheidung und kein Gefühl ist. Sie kennen die drei Aggregatzustände einer gelingenden Partnerschaft: Leidenschaft, Gemeinschaft und Freundschaft. Und Sie können sich in den jeweiligen Aggregatzuständen Ihrem Partner zeigen. Sie kennen die drei Ebenen von Information und sind in der Lage, in diesen unterschiedlichen Informationsfeldern zu agieren. Sie sind mit dem Begriff der »Differenz« vertraut, und Differenz macht Ihnen nun keine Angst mehr. Vielmehr begrüßen Sie sie, da Differenz Ihre Realität und Wahrheit ist. Sie beherrschen die sieben simplen Wahrheiten guter und gelingender Kommunikation und wissen doch, dass die Bereitschaft, sich gegenseitig glücklich und zufrieden zu machen, einander also in wirklicher liebevoller Freundschaft zugeneigt und verbunden zu sein und zu begegnen, keine Frage von Kommunikationsregeln ist, sondern eine Frage Ihrer inneren Freiheit sowie Ihrer psychologischen Flexibilität und damit eine Frage Ihrer Entscheidung, ja zu einem liebevollen, supportiven Miteinander zu sagen. Ihnen ist klar, dass die eigene Wertearbeit zentral für Ihre Wahrhaftigkeit und damit für das Gelingen Ihrer Partnerschaft ist. Nur wenn ich weiß, wer ich bin oder sein will, kann ich mich auch meinem Partner zeigen, und dieser hat nur so eine wirkliche Chance, zu mir, meinen Wünschen und Bedürfnissen ja oder nein zu sagen. Und es ist Ihnen eventuell möglich, mit meinen kurzen Ausführungen zur Sexualität die notwendigen Veränderungen in Ihrer partnerschaftlichen Dynamik hin zu einer intimen und erfüllenden Form der Sexualität zu finden, die nötig sind, um das, was einmal toll war, wieder großartig und berührend zu machen.

Erkunden Sie mit diesem neuen Wissen Ihre inneren Freiheitspotenziale und -räume, seien Sie flexibel, ändern Sie sich selbst, und nutzen Sie Ihre Veränderung als Ihre größte Chance, um auch Ihre Partnerschaft zu verbessern.

Betrachten Sie von Zeit zu Zeit einzelne Kapitel und versuchen Sie, ausschließlich mit den Ideen, Bildern und Werkzeugen dieses einen Kapitels Ihre Herausforderungen einer besseren Lösung zuzuführen, um dadurch die maximale Kraft aus diesen Kapiteln für Ihre gelingende Liebesbeziehung zu ziehen. Lesen Sie zum Abschluss von *Lieben heißt wollen* jetzt sofort noch einmal das Vorwort, und legen Sie erst dann das Buch aus den Händen.

Wenn Sie nur vier Begriffe aus diesem Buch lebendig halten, dann nehmen Sie bitte »psychologische Flexibilität«, »Akzeptanz«, »Differenz« und »Anerkennung«. Mit diesen vier Begriffen sollten Sie stabil maximale Veränderungen initiieren können.

Bedenken Sie immer: Alles, was Sie erleben, ist normal und bietet Chancen. Sie durchlaufen damit nur die Phasen und Veränderungen, die Paare in Partnerschaften durchlaufen und erleben.

Wenn wir uns selbst besser kennenlernen, begreifen wir, dass wir etwas weniger liebenswert und fehlerfrei sind, als wir immer glaubten. Wenn wir unseren Partner besser kennenlernen, begreifen wir, dass dieser liebenswerter und weniger fehlerhaft ist, als wir immer glaubten. Wenn wir unsere Partnerschaft besser kennenlernen, begreifen wir, dass diese erhaltenswerter, besser, wichtiger, wertvoller, heilbarer, variabler und schöner ist, als wir immer glaubten.

Halten Sie Ihre Erkenntnisse wach, und machen Sie diese lebendig in Ihrem Alltag, in Ihrem Umgang, in Ihren Reaktionen mit Ihrem Partner. Finden Sie immer wieder neue, bessere Antworten auf die Herausforderungen Ihrer Liebesbeziehung. Erfreuen Sie sich daran, morgen ein anderer, Besserer zu sein als gestern. Fragen Sie sich immer: »Was kann ich heute positiv anders machen als gestern?« Ihre Partnerschaft, Ihr Leben, wird dadurch reicher, erfüllender, glücklicher. Das haben Sie sich verdient.

Bleiben Sie ruhig, zuversichtlich und gelassen. Lernen Sie stetig weiter, von sich, von Ihrem Partner, von Ihrer Partnerschaft, vom Leben, von der Liebe.

Weiterführende Literatur

Philippe Aries und Georges Duby: Geschichte des privaten Lebens, Frankfurt/Main 1994.

Joachim Bauer: Selbststeuerung. Die Wiederentdeckung des freien Willens, München 2014.

Eric Berne: Spiele der Erwachsenen. Psychologie der menschlichen Beziehungen, Reinbek 2002.

Murray Bowen: Toward the Differentiation of Self in One's Family of Origin, in: F. D. Andres und J. P. Lorio: Georgetown Family Symposia, Volume I, S. 70–86, Washington DC, 1974.

Murray Bowen: Family Therapy in Clinical Practice, Northvale 1978.

Harriet Braiker: Giftige Beziehungen. Wenn andere uns krank machen, Frankfurt/Main 2001.

Erika J. Chopich und Margaret Paul: Aussöhnung mit dem inneren Kind, Berlin 2009.

JoAnne Dahl et al.: ACT & RFT in Relationships. Helping Clients Deepen Intimacy and Maintain Healthy Commitments Using Acceptance and Commitment Therapy and Relational Frame Theory, Oakland 2013.

Richard van Dülmen: Kultur und Alltag in der frühen Neuzeit, München 2005.

Georg H. Eifert et al.: Mit Ärger und Wut umgehen. Der achtsame Weg in ein friedliches Leben mit der Akzeptanz- und Commitment-Therapie (ACT), Göttingen 2013.

Epiktet: Handbüchlein der Moral, Stuttgart 1984.

John P. Forsyth und Georg H. Eifert: Mit Ängsten und Sorgen erfolgreich umgehen. Ein Ratgeber für den achtsamen Weg in ein erfülltes Leben mit Hilfe von ACT, Göttingen 2010.

Michel Foucault: Der Wille zum Wissen. Sexualität und Wahrheit 1, Frankfurt/Main 1987.

Helen Fisher: Anatomie der Liebe. Warum Paare sich finden, sich binden und auseinandergehen, München 1993.

Helen Fisher: Warum wir lieben und wie wir besser lieben können, München 2007.

Viktor E. Frankl: Ärztliche Seelsorge. Grundlagen der Logotherapie und Existenzanalyse. Mit den ›Zehn Thesen über die Person‹, München 2015.

Roberta M. Gilbert: Extraordinary Relationships. A New Way of Thinking About Human Interactions, Minneapolis 1992.

John M. Gottman und Nan Silver: Die 7 Geheimnisse der glücklichen Ehe, Berlin 2010.

John M. Gottman und Nan Silver: Die Vermessung der Liebe. Vertrauen und Betrug in Paarbeziehungen, Stuttgart 2017.

Dan Greenburg: Die Kunst, sich schlecht zu fühlen, Berlin 2002.

Russ Harris: ACT der Liebe. Mit Hilfe der Akzeptanz- und Commitment-Therapie unnötige Kämpfe beenden, Differenzen klären und die Beziehung stärken, Freiburg/Breisgau 2015.

Thomas A. Harris: Ich bin o.k. – Du bist o.k.. Wie wir uns selbst besser verstehen und unsere Einstellung zu anderen verändern können. Eine Einführung in die Transaktionsanalyse, Reinbek 1975.

Steven C. Hayes et al.: Akzeptanz und Commitment Therapie. Ein erlebnisorientierter Ansatz zur Verhaltensänderung, München 2011.

Steven C. Hayes et al.: Akzeptanz- & Commitment-Therapie. Achtsamkeitsbasierte Veränderungen in Theorie und Praxis, Paderborn 2014.

Steven C. Hayes et al.: In Abstand zur inneren Wortmaschine.

Ein Selbsthilfe- und Therapiebegleitbuch auf der Grundlage der Akzeptanz- und Commitment-Therapie (ACT), Tübingen 2007.

Gerald Hüther: Die Freiheit ist ein Kind der Liebe, Freiburg/Breisgau 2016.

Eva Illouz: Gefühle in Zeiten des Kapitalismus, Frankfurt/Main 2007.

Eva Illouz: Warum Liebe weh tut. Eine soziologische Erklärung, Berlin 2012.

C. G. Jung: Über die Entwicklung der Persönlichkeit, Zürich 1994.

Daniel Kahnemann: Schnelles Denken, langsames Denken, München 2016.

Bas Kast: Die Liebe und wie sich Leidenschaft erklärt, Frankfurt/Main 2016.

Sören Kierkegaard: Entweder – Oder, München 2005.

Siegfried Kracauer: Über die Freundschaft, Essays, Frankfurt/Main 1971.

John Allan Lee: Colours of love. An exploration of the ways of loving, Toronto 1973.

Michael Mary: Lebt die Liebe, die ihr habt. Wie Beziehungen halten, Reinbek 2008.

Matthew McKay et al.: ACT for Interpersonal Problems. Using Mindfulness, Acceptance, and Schema Awareness to Change Interpersonal Behaviors, Oakland 2012.

Walter Mischel: Der Marshmallow-Effekt. Wie Willensstärke unsere Persönlichkeit prägt, München 2016.

Werner Rautenberg und Rüdiger Rogoll: Werde, der du werden kannst. Persönlichkeitsentfaltung durch Transaktionsanalyse, Freiburg/Breisgau 2010.

Arnold Retzer: Lob der Vernunftehe. Eine Streitschrift für mehr Realismus in der Liebe, Frankfurt/Main 2011.

Fritz Riemann: Grundformen der Angst, München 2013.

Heinz-Peter Röhr: Narzissmus. Dem inneren Gefängnis entfliehen, Düsseldorf 2011.

Heinz-Peter Röhr: Wege aus der Abhängigkeit. Belastende Beziehungen überwinden, Düsseldorf 2015.

Marshall B. Rosenberg: Gewaltfreie Kommunikation. Eine Sprache des Lebens, Paderborn 2016.

Marshall B. Rosenberg: Den Schmerz überwinden, der zwischen uns steht. Wie Heilung und Versöhnung gelingen, Paderborn 2015.

David Schnarch: Die Psychologie sexueller Leidenschaft, Stuttgart 2009.

David Schnarch: Intimität und Verlangen. Sexuelle Leidenschaft in dauerhaften Beziehungen, Stuttgart 2013.

Friedemann Schulz von Thun: Miteinander reden 1: Störungen und Klärungen. Allgemeine Psychologie der Kommunikation, Reinbek 1981.

Seneca: Von der Seelenruhe. Philosophische Schriften und Briefe, Leipzig 1992.

Steve de Shazer und Yvonne Dolan: Mehr als ein Wunder. Die Kunst der lösungsorientierten Kurzzeittherapie, Heidelberg 2016.

Steve de Shazer: Der Dreh. Überraschende Wendungen und Lösungen in der Kurzzeittherapie, Heidelberg 2015.

Kirk Strosahl et al.: Brief Interventions for Radical Change. Principles & Practice of Focused Acceptance and Commitment Therapy, Oakland 2012.

Peter Titelman: Differentiation of Self. Bowen Family Systems Theory Perspectives, London 2015.

Robyn D. Walser und Darrah Westrup: Liebe ist Achtsamkeit. Mit ACT zu einer glücklichen Partnerschaft, Mannheim 2010.

Paul Watzlawick: Wie wirklich ist die Wirklichkeit? Wahn, Täuschung, Verstehen, München 2005.

Paul Watzlawick: Anleitung zum Unglücklichsein, München 2009.

Scott Wetzler: Warum Männer mauern. Wie Sie Ihren passiv-aggressiven Mann besser verstehen und mit ihm glücklich werden, München 2013.

Jürg Willi: Was hält Paare zusammen? Der Prozess des Zusammenlebens in psycho-ökologischer Sicht, Reinbek 1993.

Jürg Willi: Therapie der Zweierbeziehung. Einführung in die analytische Paartherapie – Anwendung des Kollusionskonzepts – Beziehungsgestaltung im therapeutischen Dreieck, Stuttgart 2008.

Jürg Willi: Psychologie der Liebe. Persönliche Entwicklung durch Partnerbeziehungen, Stuttgart 2002.

Jürg Willi: Die Zweierbeziehung. Das unbewusste Zusammenspiel von Partnern als Kollusion, Reinbek 2011.

Phillip Ziegler und Tobey Hiller: Recreating Partnership. A Solution-Oriented, Collaborative Approach to Couples Therapy, New York 2001.